Hartmut Troll · Uta Schmitt

SCHLOSSGARTEN SCHWETZINGEN

MICHAEL IMHOF VERLAG

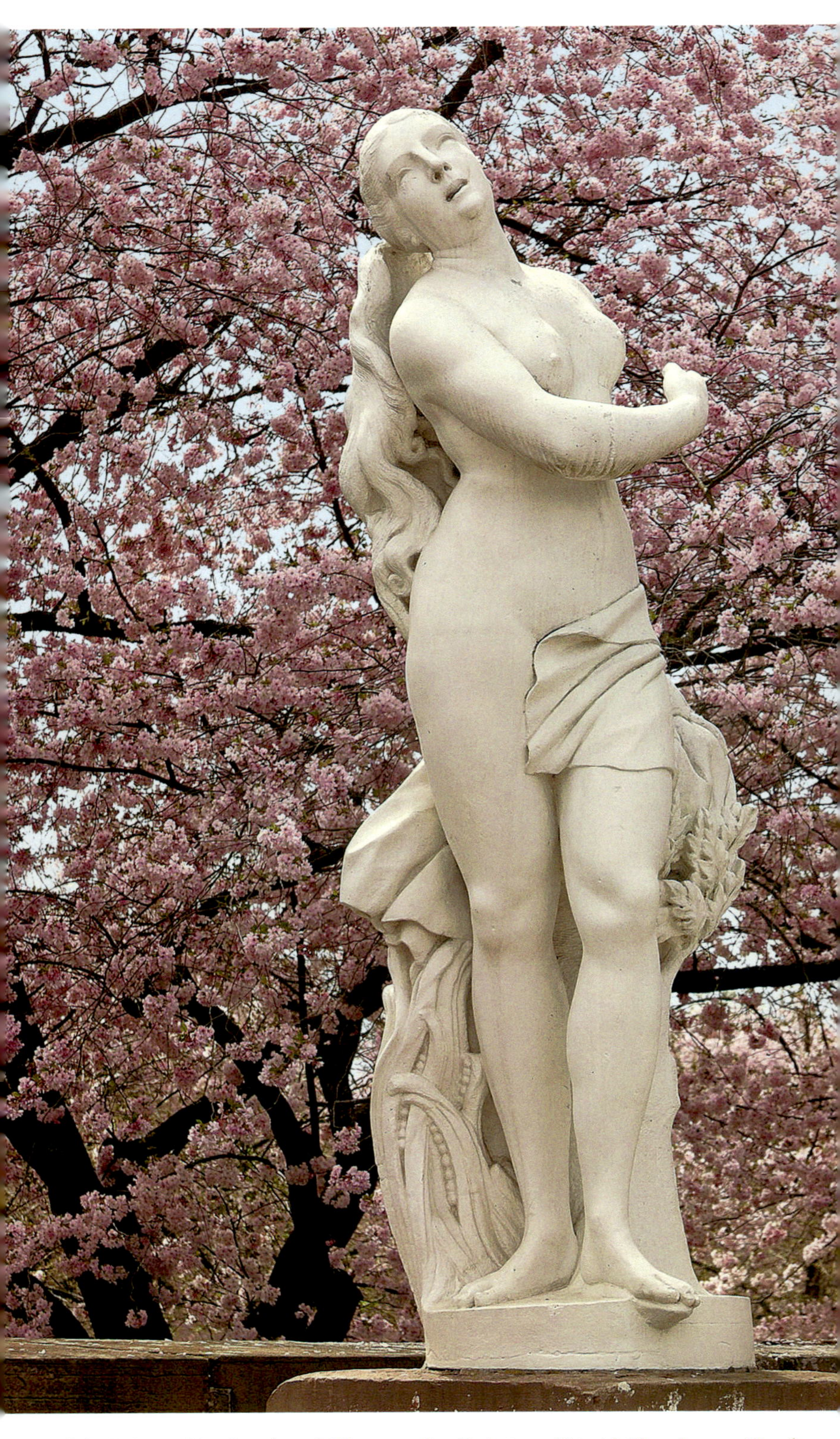

„Kallirhoe", Original-Sandsteinfigur, Bildhauer aus dem Umkreis von Heinrich Charasky, erstes Viertel 18. Jahrhundert, aufgestellt südlich des Kreisparterres an der Obstgarten-Mauer

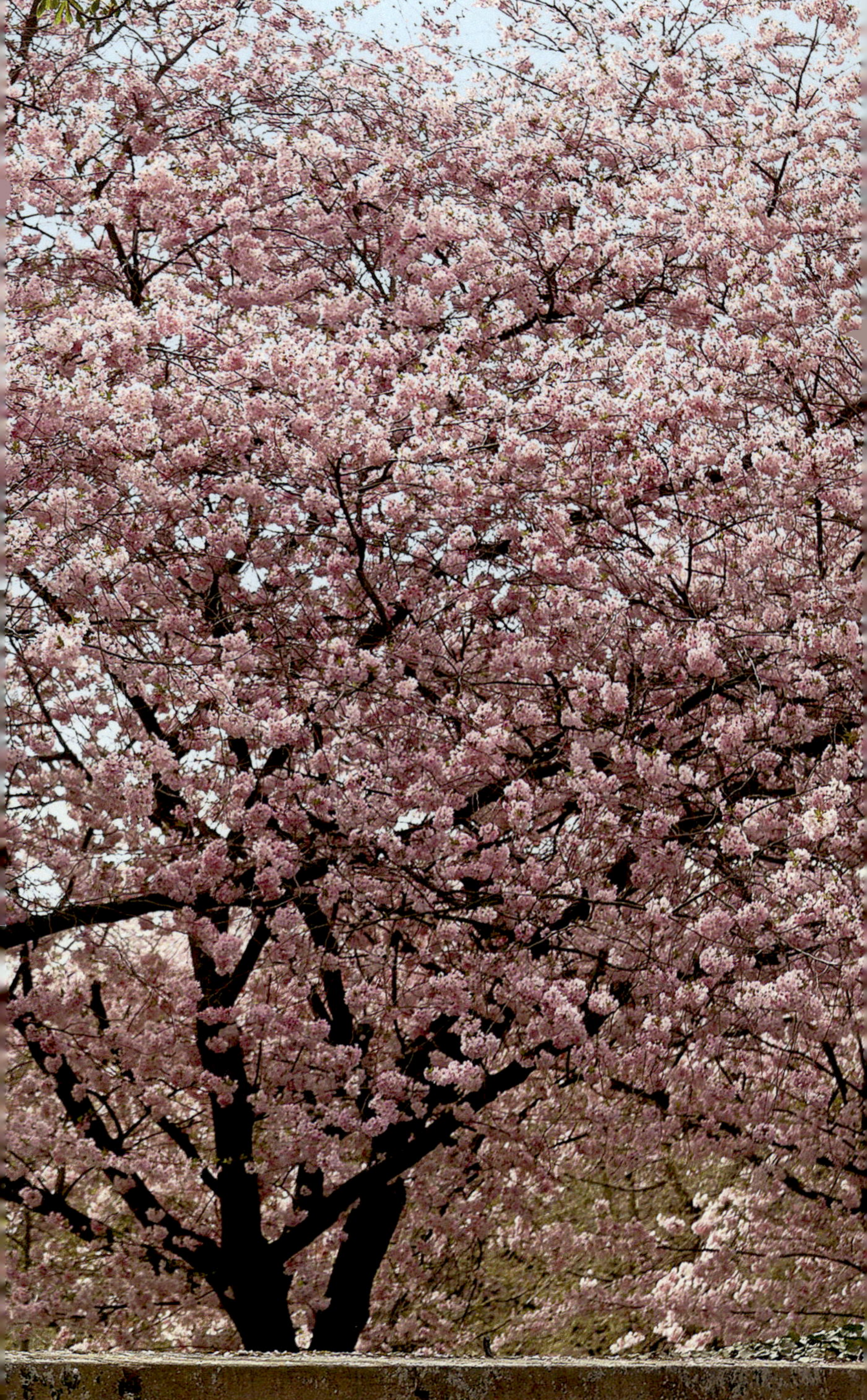

Herausgeber
Staatliche Schlösser und Gärten Baden-Württemberg
www.schloesser-und-gaerten.de
www.schloss-schwetzingen.de

Bildnachweis
Achim Mende, Überlingen: Titelbild
Landesamt für Denkmalpflege, Esslingen; Foto: Otto Braasch: 5, 23 unten
Landesamt für Denkmalpflege, Esslingen; Foto: Bernd Hausner: 9 unten, 33, 44 beide, 50 unten, 51, 52 oben, 54 beide, 61, 71 beide
Landesmedienzentrum Baden-Württemberg: 6 beide, 7, 11, 13, 16 beide, 24, 26 unten, 27, 28, 32, 38, 41 unten, 42 oben, 45, 49, 58, 65, 74
Bayerische Verwaltung der staatlichen Schlösser, Gärten und Seen, München: 9 oben (Inv.-Nr. SZ 01-05-2), 15 (Inv.-Nr. SZ 01-05-4)
Universitätsbibliothek Heidelberg, Graphische Sammlung: 10 (Sign. VII 83), 85 (Sign. VII 81)
Staatliche Schlösser und Gärten Baden-Württemberg: 14, 25 (Foto: Tobias Schwerdt), 26 oben (Foto: Meike Kirscht), 34 (Foto: Meike Kirscht), 36, 39 (Foto: Meike Kirscht), 40 (Foto: Meike Kirscht), 41 oben (Foto: Henrike von Werder), 42 unten (Foto: Sylvia Thieme), 43, 46 oben, 48, 56, 59 (Foto: Veronika Nuding), 77 (Foto: Tobias Schwerdt), 80, 84 (Foto: Gerhard Raab), 87, 90/91 (Foto: Meike Kirscht), Umschlagbild hinten (Foto: Petra Pechacek)
Saarlandmuseum Saarbücken, Stiftung Saarländischer Kulturbesitz: 18 (Inv.-Nr. 4708)
Reiss-Engelhorn-Museen, Mannheim: 19
Stadtmuseum Düsseldorf: 20
Münchner Stadtmuseum, Sammlung Graphik und Gemälde: 21 (Inv.-Nr. II/182), 76 (Inv.-Nr. BA III Abb. 4)
Stadtarchiv Schwetzingen: 22
Vermögen und Bau Baden-Württemberg, Amt Mannheim: 23 oben
Bauleitung Schwetzingen: 37 oben, 50 oben, 67, 70
Uschi Wetzel, Schwetzingen: 2/3, 29, 31, 35, 37 unten, 46 unten, 47, 52 unten, 53, 55, 60, 63, 64, 68, 69, 72, 73, 79, 81, 83, 88, 89
Günther Bayerl, Schwetzingen: 78
Kunsthalle Karlsruhe, Kupferstichkabinett: 57
Generallandesarchiv Karlsruhe: 66; Umschlag vorne, innen
Verlag Otto Schwarz, Schwetzingen: 86
Lageplan Schwetzinger Schlossgarten: Verdyck & Gugenhan, Stuttgart; Grafik: Struve und Partner, Heidelberg

Bibliografische Information der Deutschen Nationalbibliothek
Die Deutsche Nationalbibliothek verzeichnet diese Publikation in der Deutschen Nationalbibliografie; detaillierte bibliografische Daten sind im Internet über http://dnb.d-nb.de abrufbar.

Lektorat: Dana Reinhardt
Redaktion: Frank Krawczyk und Verena Schönleber, Staatliche Schlösser und Gärten Baden-Württemberg
Gestaltung Umschlag: © JUNG:Kommunikation GmbH, Stuttgart
Gestaltung und Satz: Patricia Koch, Michael Imhof Verlag
Druck und Verarbeitung: Grafisches Centrum Cuno GmbH & Co. KG, Calbe

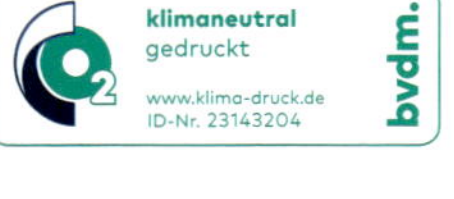

ISBN 978-3-7319-0324-6

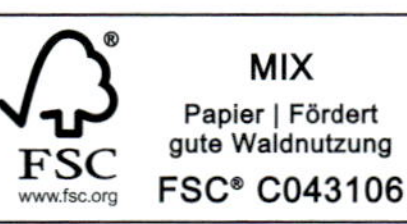

Michael Imhof Verlag GmbH & Co. KG
Stettiner Straße 25 | D-36100 Petersberg
Tel. 0661/2919166-0 | Fax 0661/2919166-9
info@imhof-verlag.de | www.imhof-verlag.de

Uta Schmitt

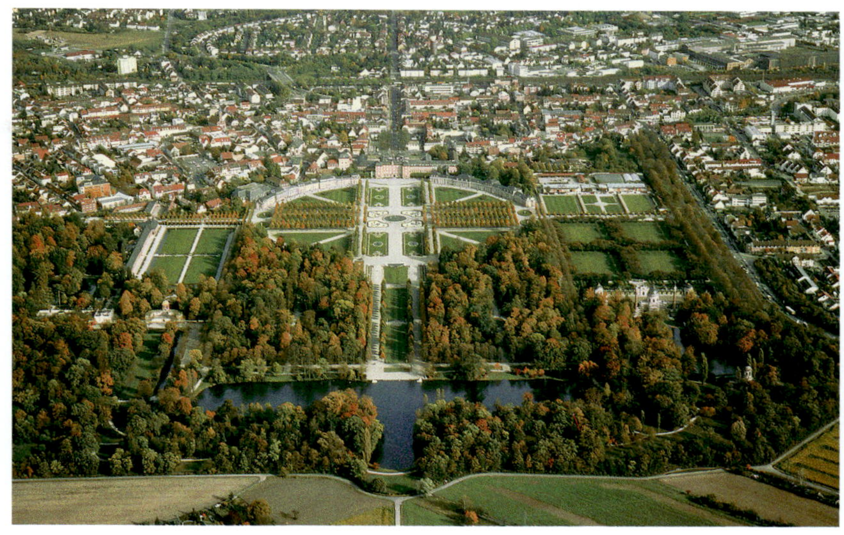

Schwetzingen mit Schloss und Schlossgarten, Blick nach Osten, 2006

VOM BURGGARTEN ZUM LANDSCHAFTSPARK

„Regelmäßige, luftige Baumreihen und finstere Gänge, die sich nachlässig unter dichten Schatten hinschlängeln, unterhaltende Abwechselungen der Wildnisse mit dem angebaueten Erdreiche, große Kunst, die dennoch Natur zu sein scheint – kurz alles was das Eigentum eines vollkommenen Fürstengartens zu sein pflegt, ist hier vereinigt.“

Diese Beschreibung von Samuel Christoph Wagner aus dem Jahr 1795 charakterisiert den herrschaftlichen Garten, der zur glanzvollen Sommerresidenz des Kurfürsten Carl Theodor gehörte. Die Anfänge von Schloss und Schlossgarten liegen jedoch viel weiter zurück: Der Kernbau des Schwetzinger Schlosses ging aus einer Wasserburg des 14. Jahrhunderts hervor, die vielfach umgebaut und erweitert wurde.

Frühere Gärten am Schwetzinger Schloss

Nach dem Dreißigjährigen Krieg ließ Kurfürst Carl Ludwig (1617–1680) das zerstörte Schloss ab 1656 wieder aufbauen und als Wohnsitz für seine Gemahlin Luise von Degenfeld einrichten. Damals gab es auch einen Schlossgarten, der Hecken, Bäume, Gemüse, Kräuter, Blumen und weinbewachsene Gänge enthielt. Sein Aussehen lässt sich jedoch mangels bildlicher Darstellungen nicht rekonstruieren.

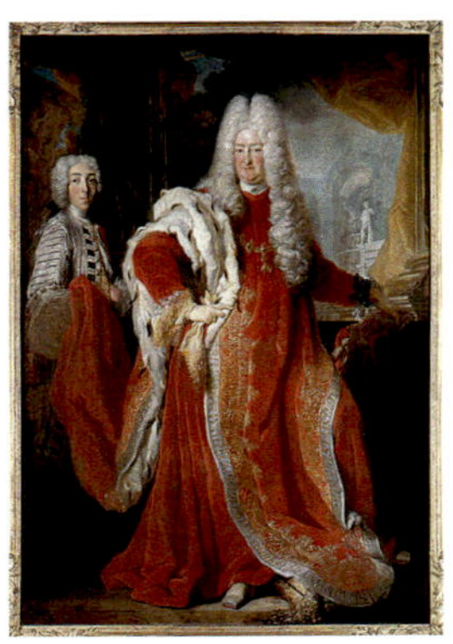

Pierre Goudreaux: Kurfürst Carl Philipp von der Pfalz. Öl, um 1725

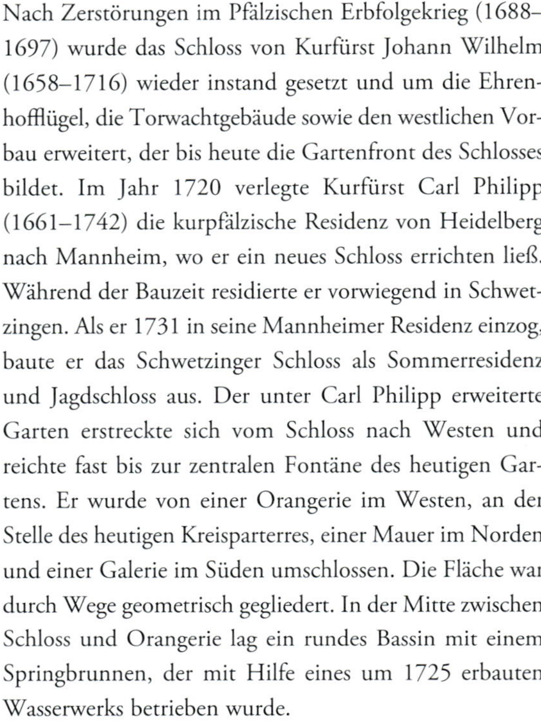

Nach Zerstörungen im Pfälzischen Erbfolgekrieg (1688–1697) wurde das Schloss von Kurfürst Johann Wilhelm (1658–1716) wieder instand gesetzt und um die Ehrenhofflügel, die Torwachtgebäude sowie den westlichen Vorbau erweitert, der bis heute die Gartenfront des Schlosses bildet. Im Jahr 1720 verlegte Kurfürst Carl Philipp (1661–1742) die kurpfälzische Residenz von Heidelberg nach Mannheim, wo er ein neues Schloss errichten ließ. Während der Bauzeit residierte er vorwiegend in Schwetzingen. Als er 1731 in seine Mannheimer Residenz einzog, baute er das Schwetzinger Schloss als Sommerresidenz und Jagdschloss aus. Der unter Carl Philipp erweiterte Garten erstreckte sich vom Schloss nach Westen und reichte fast bis zur zentralen Fontäne des heutigen Gartens. Er wurde von einer Orangerie im Westen, an der Stelle des heutigen Kreisparterres, einer Mauer im Norden und einer Galerie im Süden umschlossen. Die Fläche war durch Wege geometrisch gegliedert. In der Mitte zwischen Schloss und Orangerie lag ein rundes Bassin mit einem Springbrunnen, der mit Hilfe eines um 1725 erbauten Wasserwerks betrieben wurde.

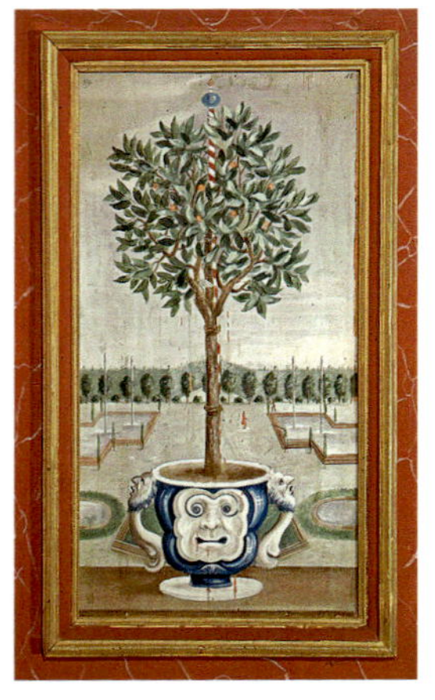

Orangeriegewächs, um 1710

Als Hauptzierde des Gartens galten jedoch die Orangeriegewächse. Hierüber schrieb der Frankfurter Gelehrte Johann Friedrich Armand von Uffenbach in seinem Reisetagebuch: „Das Vornehmste alhier ist wohl die Menge der italienischen Gewächse und Bäumen, womit der Garten schier wie ein kleiner Wald bestellet ist. Viele Stücke darunter sind wegen ihrer ansehnlichen Größe in ihren besondern Kasten sehenswürtig, wozwischen die überlebensgroße schön gemachte und ganz verguldete Statuen ein prächtiges Ansehen haben". Südlich dieser Anlage befanden sich Obst- und Gemüsegärten zur Versorgung des Hofes. Dort war auch ein Weiher für Schildkröten, die eigens für die Hofküche gezüchtet wurden.

Barocke Planung und Ausführung

Mit dem Regierungsantritt des Kurfürsten Carl Theodor (1724–1799) im Jahr 1742 begann in Schwetzingen eine neue Ära. So ließ er seine Sommerresidenz planmäßig erweitern und ganz auf den Garten hin ausrichten. Zwischen 1748 und 1750 entstand nördlich des Schlosses auf viertelkreisförmigem Grundriss ein Orangeriegebäude, das sogenannte nördliche Zirkelhaus, an das auf seiner Rückseite 1752 das Schlosstheater angebaut wurde. Carl Theodor erwog zunächst, westlich davon ein neues Schloss und ein weiteres Zirkelhaus bauen zu lassen und den Garten nach Süden hin anzulegen, entschied sich dann aber für die Beibehaltung des bestehenden Schlosses. Das zweite Zirkelhaus wurde daher 1753 bis 1754 südlich davon als Orangerie mit zwei Festsälen erbaut. Damit standen die Rahmenbedingungen für die Gartengestaltung fest. Mit der Planung beauftragte der Kurfürst den Hofgärtner Johann Ludwig Petri (1714–1794), der für Herzog Christian IV. von Pfalz-Zweibrücken tätig war.

Petri schuf den grundlegenden Entwurf für den barocken Gartenteil. Darin ergänzte er das Halbrund der Zirkelhäuser durch zwei Laubengänge zum vollen Kreis. Die

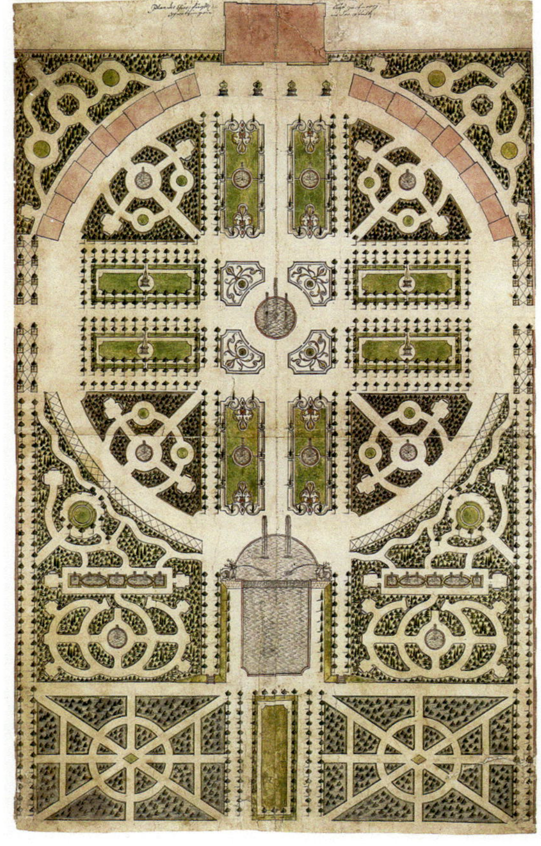

Johann Ludwig Petri: Entwurf für die Gartenanlage. Kolorierte Federzeichnung, 1753

vom Schloss nach Westen ziehende Hauptachse der Anlage sollte aufwendig mit Wasserspielen, Blumenrabatten und Broderien geschmückt werden. Sie schneidet sich im Zentrum mit einer schlichter gehaltenen Querachse. Alleen sollten die Achsen und die Flanken der Anlage begleiten. Westlich des Zirkels sah Petri Boskette vor, geometrisch angelegte Niederwaldstücke mit heckengesäumten Wegen und grünen Kabinetten. Dem Stil der Zeit gemäß versuchte er, Schönheit durch ausgewogene geometrische Proportionen zu erreichen.

Kurfürst Carl Theodor genehmigte den Entwurf im Mai 1753. Da der neue Lustgarten auch die Fläche der Nutzgärten beanspruchte, mussten diese weiter südlich neu angelegt werden. Johann Ludwig Petri machte sich unverzüglich an die Arbeit. Er blieb aber hauptberuflich Hofgärtner in Zweibrücken und beaufsichtigte die Baustelle in Schwetzingen durch Inspektionsbesuche. Im Jahr 1754 übergab Petri dem Kurfürsten Carl Theodor einen weiteren Plan, nach dem er es vor allen Dingen als wichtig erachtete, dass die „angefangene Anlaag zum Schwetzinger Lusst=Treib=Gemüß- und BaumGarten nach meinem Gnädigst aprobirten riß zur Hohen Herrschafft verhoffentlich besonderen Vergnügen und Nutzen sollte mit eiffer forth geführt werden …". Um 1756 kamen die Arbeiten am Garten aufgrund personeller und finanzieller Probleme zum Erliegen. Zwei Jahre später wurde Petri auf eigenen Wunsch aus kurpfälzischen Diensten entlassen. Bis dahin waren nur die Wasserspiele im Zirkel und Teile der Laubengänge und der Alleen fertiggestellt.

1762 übernahm der lothringische Architekt Nicolas de Pigage (1723–1796) die Bauleitung. Er behielt Petris Entwurf in der Grundstruktur bei, plante jedoch eine nach Westen verlängerte Boskettzone – durch Hecken gegliederte Wäldchen – mit einem sich über die ganze Breite erstreckenden Bassin als Abschluss. Die Umsetzung dieses zentralen Ziergartens zog sich über viele Jahre hin. Gleichzeitig wurde an seiner Nordflanke eine Gartenerweiterung für eine neue Orangerie, ein Naturtheater, ein Badhaus und eine Menagerie, eine Art fürstlicher Privatzoo, vorgenommen.

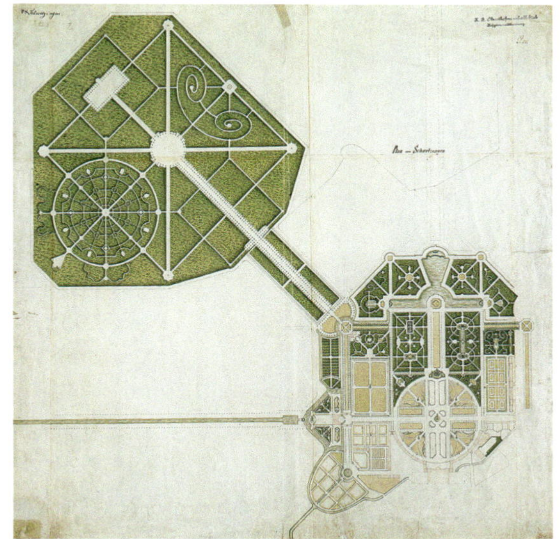

Nicolas de Pigage: Idealplan des Schlossgartens mit einem Jagdpark, 1762, nicht ausgeführt

Zunächst errichtete de Pigage die neue Orangerie mit Orangeriegarten, da die im Sommer im Zirkel aufgestellten Kübelpflanzen die Anlage der Parterrebeete, der niedrigen Zierbeete hinter dem Schloss, behinderten. Zugleich begann er mit dem Bau des westlich an den Orangeriegarten angrenzenden Bosketts, Angloise genannt, mit dem Apollotempel und dem Naturtheater. Außerdem wurden die Obst- und Gemüsegärten am Südrand des Gartens erweitert und neu gegliedert. Um den steigenden Wasserbedarf zu decken, baute man zwischen 1762 und 1765 eine weitere Pumpstation nördlich des Gartens, das sogenannte Untere Wasserwerk. Zwischen 1763 und 1767

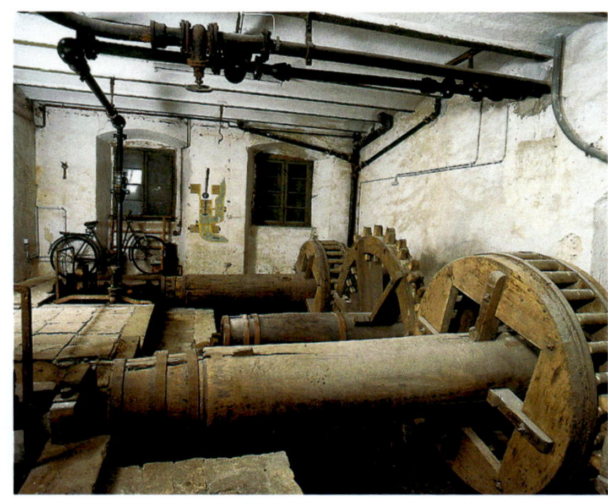

Unteres Wasserwerk

Nicolas de Pigage: Ausführungsplan für die Gartenerweiterung, 1767

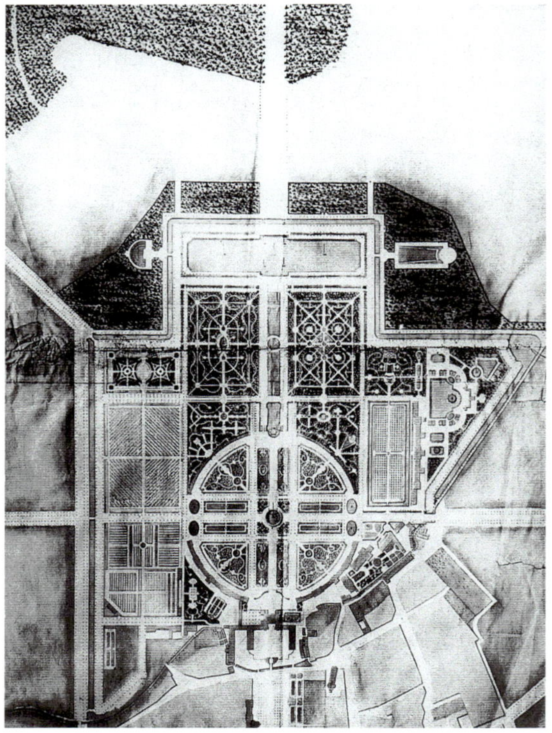

wurde auf einem dreieckigen Geländestück im Norden der Orangerie die Menagerie eingerichtet. Im Winkel zwischen südlichem Zirkelhaus und Gemüsegarten entstand der nach einer dortigen Brunnenskulptur benannte Seepferdgarten.

Nach der Verlegung der Kübelpflanzen in die neue Orangerie zum Winter 1762/63 konnten auch die Arbeiten am zentralen Lustgarten fortgeführt werden. Hier wurden zunächst die Parterrebeete und Alleen fertiggestellt, ebenso die nördliche Angloise. Es folgten ab 1765 die südliche Angloise mit dem Minervatempel und die beiden großen Boskette, die 1771 vollendet waren. Um die hierfür benötigten Bäume und Sträucher vorrätig zu halten, wurde 1769 eine Baumschule nordwestlich des Gartens eingerichtet.

Die Fertigstellung des großen Abschlussbassins ab 1766 zog sich über ein Jahrzehnt hin. Der Garten wurde mit Kanälen eingefasst, um ihn gegen die Umgebung abzugrenzen. Das Obere Wasserwerk, östlich des Gartens, das noch vom Vorgängergarten stammte, wurde in den 1770er Jahren erneuert und mit dem heute noch vorhandenen Wasserturm versehen. Zur Zierde des Gartens wurden zahlreiche Skulpturen gekauft oder speziell für ihren Standort angefertigt. Grundlage hierfür war ein detailliertes Figurenprogramm, das Nicolas de Pigage 1766 mit dem Hofbildhauer Peter Anton von Verschaffelt (1710–1793) erarbeitet hatte.

Als aufwendig geschmückter Privatgarten des Kurfürsten wurde westlich der Menagerie zwischen bestehende Gartenteile die Badhausanlage eingefügt. Um 1770 begonnen, war sie zusammen mit dem benachbarten Naturtheater um 1772 vollendet. 1774 wurde der Türkische Garten westlich des Obstgartens erstmals erwähnt, seine Ausführung zog sich jedoch aufgrund mehrerer Umplanungen über viele Jahre hin.

Landschaftliche Gestaltung

1774 berichten die Akten von Vorarbeiten zu landschaftlichen Anlagen. Dies ist der erste Hinweis darauf, dass nun auch in Schwetzingen der seit Beginn des 18. Jahrhunderts in England entwickelte Landschaftsgarten Einzug halten sollte. Zunächst wurde am Nordrand des Gar-

Carl Kuntz: Naturtheater mit Apollotempel. Aquatinta, um 1795

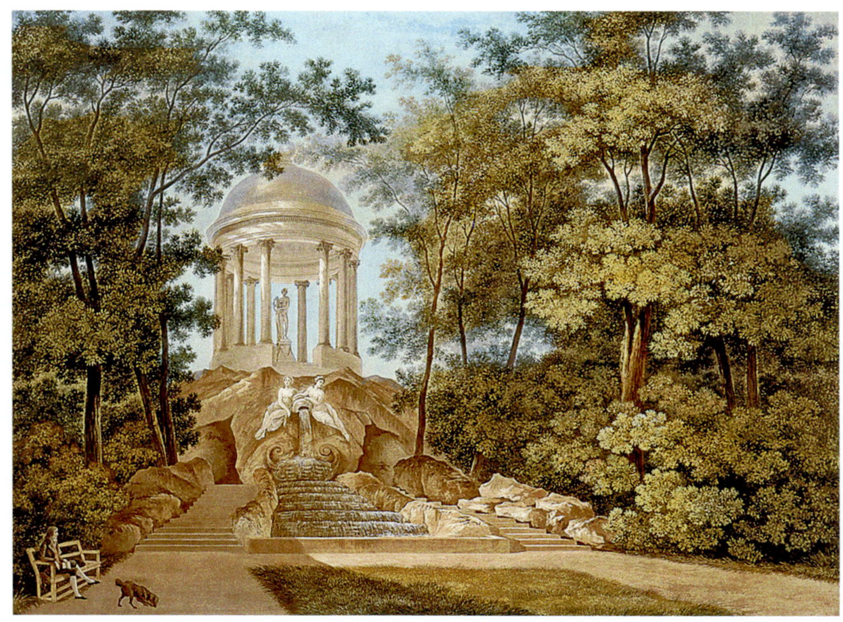

tens eine schmale, langgestreckte Insel angelegt. Auch die Aussicht vom gerade vollendeten Apollotempel nach Westen sollte zeitgemäß gestaltet werden. Diese Baustellen ruhten dann jedoch über Jahre, da zunächst kein im neuen Stil ausgebildeter Gartenkünstler zur Verfügung stand. Daher sandte Carl Theodor den jungen Friedrich Ludwig von Sckell (1750–1823), den Sohn eines Schwetzinger Hofgärtners, für einen mehrjährigen Studienaufenthalt nach England. Auf Anregung seines Vaters war Sckell als vielversprechendes Gärtnertalent schon drei Jahre zuvor nach Paris geschickt worden. Doch es waren die in England gewonnenen Erkenntnisse, die er nach seiner Rückkehr 1777 bei den Pflanzungen im sogenannten Arborium Theodoricum („Baumgarten Carl Theodors") auf der bereits angelegten Insel am Nordrand des Gartens umsetzte. Dabei handelte es sich um ein Arboretum, eine Sammlung von Bäumen und Sträuchern zu wissenschaftlichen Zwecken.

Als Ende des Jahres 1777 der Wittelsbacher Kurfürst Maximilian III. Joseph von Bayern ohne Nachfolger starb, trat Carl Theodor als Vertreter der pfälzischen Linie dessen Erbe an und verlegte seine Residenz 1778 von Mannheim nach München. Der Wegzug des Kurfürsten beeinträchtigte die Arbeiten am Schwetzinger Garten zunächst nicht, nach einigen Jahren jedoch wurden die Ausgaben für die ehemalige Sommerresidenz immer stärker reduziert.

1778 bis 1779 wurden im Arborium Theodoricum der Tempel der Botanik und die Ruine des Römischen Wasserkastells mit Aquädukt erbaut. 1779 nahm man auch die Arbeiten am Türkischen Garten wieder auf. Er wurde nicht nach den Prinzipien des Landschaftsgartens angelegt, sondern ähnelt eher einer stark aufgelösten Angloise, bei der auf eine Wegeinfassung mit Hecken verzichtet wurde. Die am Türkischen Garten liegende Moschee wurde 1782 erstmals erwähnt und war 1795 weitgehend vollendet.

Der Englische Garten westlich des Großen Weihers und des Apollotempels ist auf dem – nach jüngeren Untersuchungen – de Pigage zugeschrieben Bestandsplan von

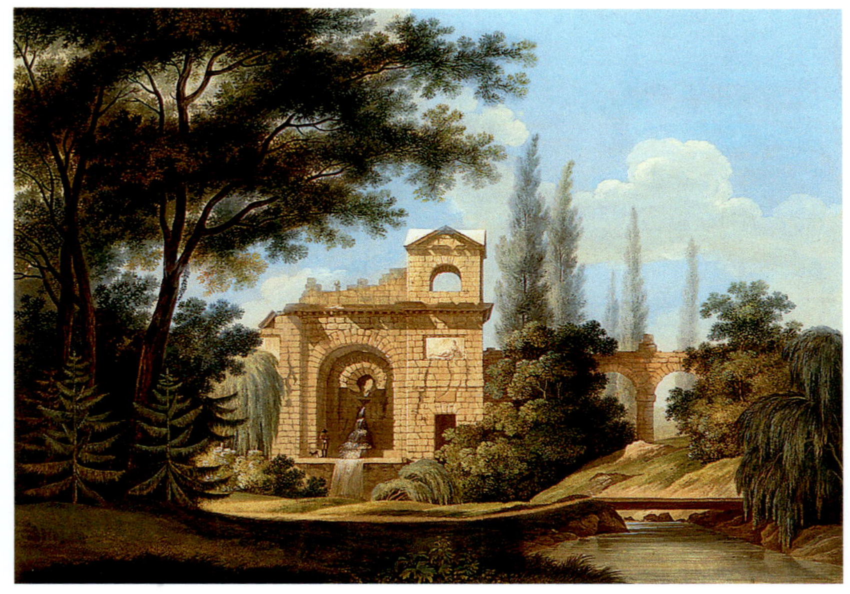

Carl Kuntz: Römisches Wasserkastell. Aquatinta, um 1795

1783 (vgl. Abb. S. 15) bereits dargestellt, ebenso der Türkische Garten. Dieser Plan zeigt auch eine zweite Baumschule am Südwestrand des Gartens. Zusätzlich wurde 1784 auf dem Gelände der aufgegebenen Menagerie eine Baumschule für ausländische Gehölze eingerichtet. Westlich der Moschee wurde an einem Monument gearbeitet, dessen Umgebung 1786 unter Einbeziehung der Baumschule am Südwestrand landschaftlich gestaltet wurde. Im Folgejahr entschied man, auf dem bereits hergestellten Unterbau die Ruine eines Merkurtempels zu errichten. Dieser war spätestens 1792 vollendet. Der Ausbau des Gartens fand damit seinen Abschluss. In der Folgezeit bemühte man sich, den Garten zu erhalten, Ausstattung und Pflege mussten jedoch aus Kostengründen eingeschränkt werden.

Mit der Auflösung der Kurpfalz im Zuge der napoleonischen Neuordnung fielen 1803 die rechtsrheinischen Gebiete und damit auch Schwetzingen an Baden. Kurfürst Maximilian IV. Joseph (1756–1825), der Nachfolger Carl Theodors, berief Friedrich Ludwig von Sckell 1804 nach München und ernannte ihn zum Bayerischen Hofgartenintendanten. Gartendirektor in Schwetzingen wurde Johann Michael Zeyher (1770–1843) aus Ansbach. Er reduzierte den Gehölzschnitt noch weiter, um

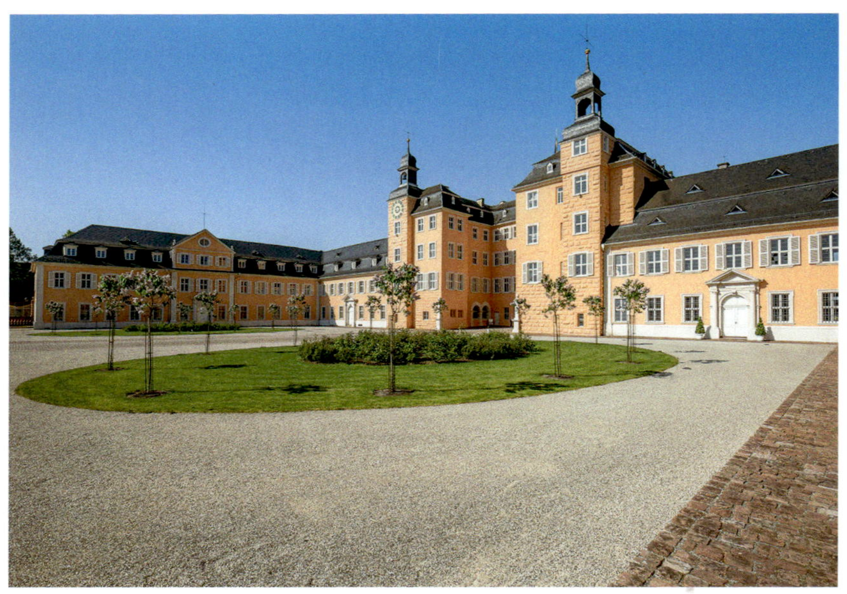

Schloss mit neugestaltetem Ehrenhof, 2019

Aufwand zu sparen, aber auch, um dem Garten dem Zeitgeschmack entsprechend ein natürlicheres Aussehen zu verleihen. Zudem hatte sich das Interesse von gestalterischen Fragen hin zur botanischen Forschung verlagert. Dementsprechend gestaltete Zeyher auch Gartenteile um: Ab 1804 legte er auf dem Gelände der ehemaligen Menagerie ein weiteres Arboretum an, veränderte den Seepferdgarten zu einer landschaftlichen Anlage und wandelte das große Bassin in einen natürlich geformten Weiher um.

Der Ehrenhof an der Ostseite des Schlosses war zu dieser Zeit eine freie, vollständig gepflasterte Fläche, die repräsentativen Empfängen und dem Vorfahren von Kutschen diente. Nach Verlust dieser Funktion wurde Johann Michael Zeyher mit einer Umgestaltung beauftragt. Sein Plan aus dem Jahre 1835 sah beidseits der Mittelachse ovale Pflanzflächen vor. Der Hofgärtner hatte um die Rasenplätze Flieder, nämlich: „Syringabäumchen von circa 6 Fuß hohen Stämmen gedacht". Die Mitte nahmen aber Rosentuffs ein, eine zeittypische Vorliebe für hochstämmige Rosenbüsche und ein Verweis auf eine heute beinahe vergessene Tradition in Schwetzingen: Jeweils am Pfingstmontag lockte nämlich seit 1756 das „Rosenfest" zahlreiche Menschen in die

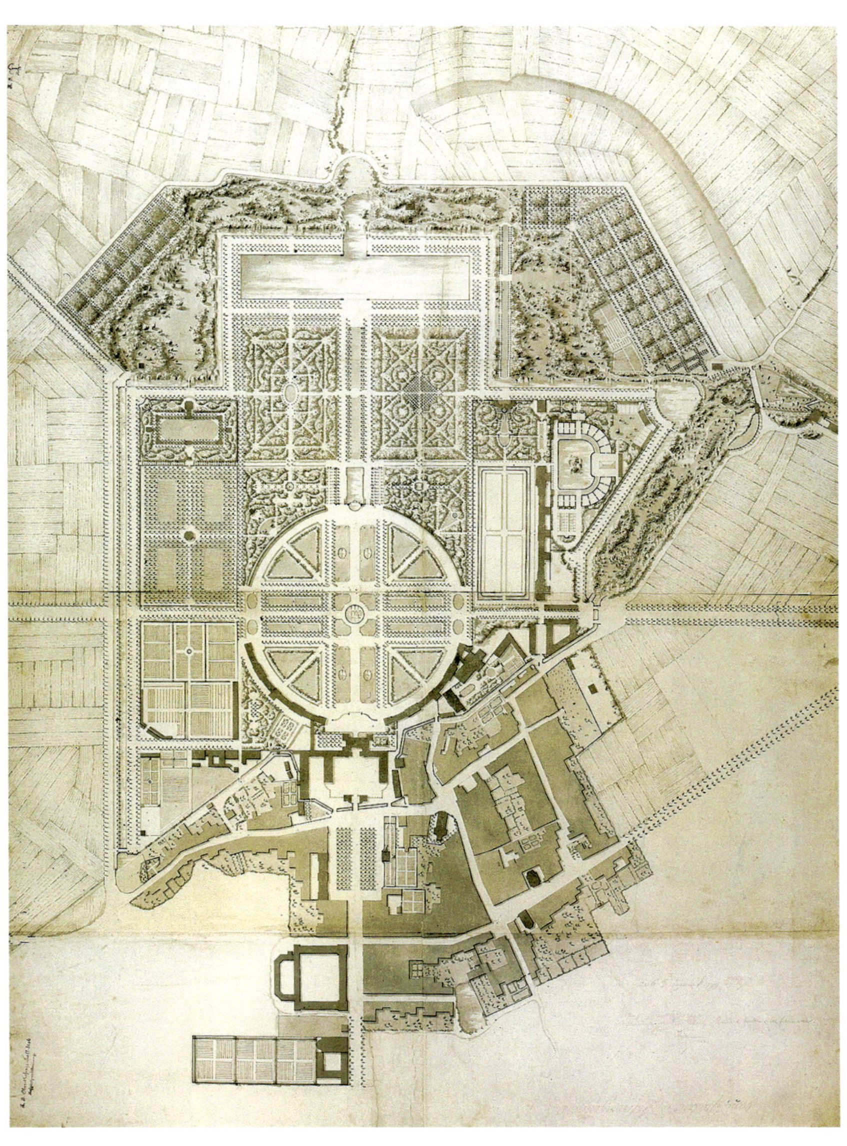

Nicolas de Pigage zugeschrieben: Zustandsplan des Schlossgartens, 1783

Sommerresidenz. Die Gestaltung und dieses Frühjahrsfest an Pfingsten hielten sich bis zum Deutsch-Französischen Krieg 1870. Danach kam es zu Vereinfachungen und mehreren Umnutzungen der Flächen. Eine 2015 anlässlich der Schlossfassadensanierung erfolgte Neugestaltung orientierte sich an dem Entwurf von Johann Michael Zeyher.

Nach Zeyhers Tod im Jahr 1843 übernahm die großherzogliche Gartendirektion in Karlsruhe die Oberaufsicht über den Garten. Die Schwetzinger Garteninspektoren versuchten, mit dem Verkauf von Gartenerzeugnissen wie Gemüse, Obst, Fisch und Holz auch in schwierigen Zeiten genug Einkünfte für die Unterhaltung des Gartens zu erzielen. Insbesondere war der Rückschnitt von Alleen und Gehölzen nötig.

1924 wurde die Pflege des Gartens der Forstverwaltung übertragen. Immer wieder legten führende Fachleute aus ganz Deutschland Vorschläge zur Erhaltung des Gartenkunstwerks vor. Den Zweiten Weltkrieg überstanden die Schwetzinger Anlagen unbeschadet. Um ihren Fortbestand zu sichern, wurde 1970 ein Parkpflegewerk für den Schlossgarten erstellt. Die in diesem Fachgutachten vorgeschlagenen Maßnahmen wurden in mehreren Abschnitten umgesetzt. Mit seiner Fortschreibung 2005 wurde erstmals in Deutschland ein Parkpflegewerk aktualisiert.

BAUHERREN, ARCHITEKTEN UND KÜNSTLER

Carl Theodor – Kurfürst zwischen Absolutismus und Aufklärung

Carl Theodor wurde 1724 in Schloss Drogenbusch bei Brüssel als Sohn des Herzogs Johann Christian von Pfalz-Sulzbach und Marie Anne Henriette Leopoldine de La Tour d'Auvergne geboren. Nach dem frühen Tod seines Vaters und seines Onkels Joseph Carl von Pfalz-Sulzbach ließ ihn sein Großonkel, Kurfürst Carl Philipp, 1734 zur

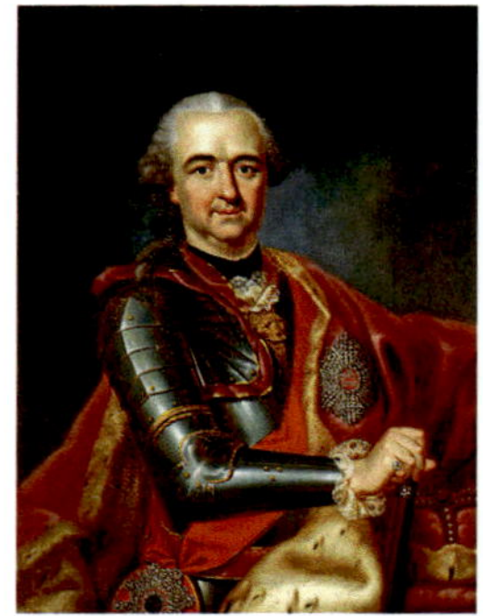

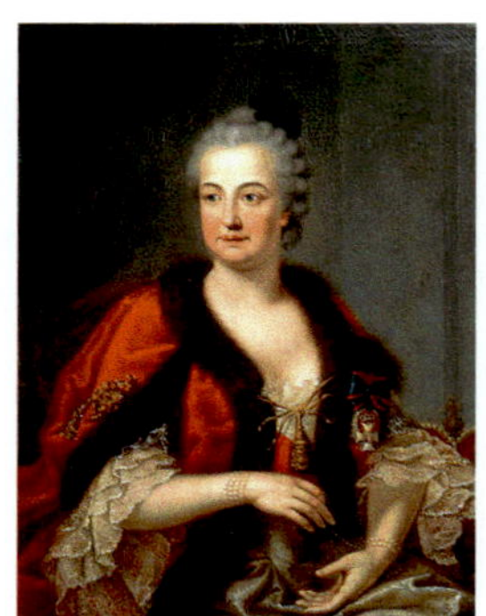

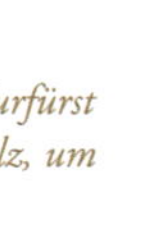

Heinrich Carl Brandt: Kurfürst Carl Theodor von der Pfalz, um 1787

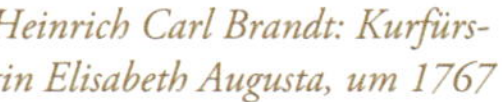

Heinrich Carl Brandt: Kurfürstin Elisabeth Augusta, um 1767

Erziehung nach Mannheim bringen. 1742 heiratete Carl Theodor seine Cousine Elisabeth Augusta (1721–1794). Zu Silvester desselben Jahres verstarb Carl Philipp, sodass Carl Theodor im Alter von nur achtzehn Jahren Kurfürst wurde.

Das junge Herrscherpaar führte einen glanzvollen Hof in Mannheim. Das Orchester wurde vergrößert und regelmäßig wurden Opern, Theaterstücke, Ballette und Konzerte aufgeführt. Carl Theodor ließ seine Residenz ausbauen und den Schwetzinger Schlossgarten erweitern, der ganz seine Handschrift trägt. Bei der Zweitresidenz Düsseldorf ließ der Kurfürst das Schloss Benrath errichten.

Während seiner Regierungszeit förderte Carl Theodor die Einrichtung von wissenschaftlichen und künstlerischen Institutionen wie der Pfälzischen Akademie der Wissenschaften oder der Akademie der Malerei und Bildhauerei. Die kurfürstliche Bibliothek, die Sammlungen von Gemälden, Grafiken, Mineralien und Münzen waren allen Interessierten zugänglich, ebenso Aufführungen der Oper, des Hoforchesters und des 1776 gegründeten Mannheimer Nationaltheaters. Mannheim und die nahe Sommerresidenz Schwetzingen zogen zahlreiche Künstler, Musiker, Dichter und Philosophen an.

Als am 30. Dezember 1777 der Wittelsbacher Kurfürst Maximilian III. Joseph von Bayern ohne Nachfolger starb, trat Carl Theodor als Vertreter der pfälzischen Linie dessen Erbe an und verlegte seine Residenz 1778 von Mannheim nach München. Seine Frau Elisabeth Augusta blieb in der Kurpfalz, allerdings nicht in Schwetzingen, sondern in Oggersheim, wo sie ein eigenes Schloss bezog. Im Winter lebte sie in der Mannheimer Residenz.

Nach dem Tod seiner Gattin 1794 heiratete Carl Theodor – 70-jährig – Erzherzogin Maria Leopoldine von Österreich-Este. 1799 starb er auf Schloss Nymphenburg bei München. Da beide Ehen kinderlos geblieben waren, folgte ihm Herzog Maximilian IV. Joseph von Pfalz-Zweibrücken als Kurfürst nach.

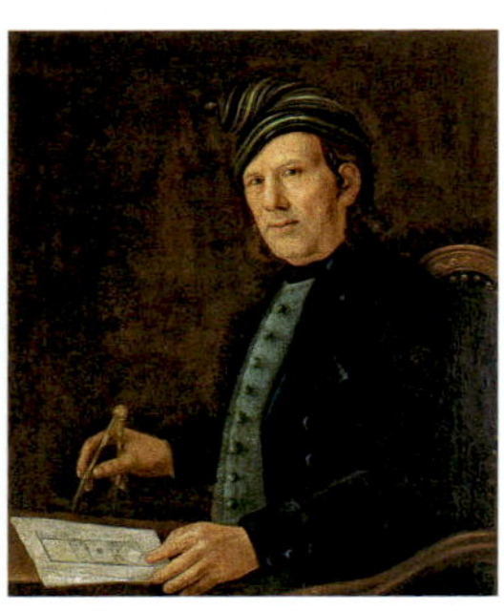

Johann Caspar Pitz: Johann Ludwig Petri, 1778/81

Johann Ludwig Petri – Schöpfer des Kreisparterres

Johann Ludwig Petri wurde 1714 als Sohn des Eisenacher Hofgärtners Johann Nikolaus Petri und Spross einer traditionsreichen Hofgärtnerfamilie geboren. Seine erste Stelle bekleidete er als Hofgärtner des Herzogs Christian IV. von Pfalz-Zweibrücken zunächst in Saarbrücken, später in Zweibrücken. 1753 entwarf Johann Ludwig Petri für den pfälzischen Kurfürsten Carl Theodor den grundlegenden Plan für die Anlage des Schwetzinger Schlossgartens. Bis 1758 übernahm Petri „die Direction in Anlegung des Schwetzinger Hof-Gartens", dann wurde er auf sein Ersuchen aus kurfürstlichen Diensten entlassen.

Petri war als Gartendirektor in Zweibrücken in der Fasanerie des dortigen Lustschlosses Tschifflik tätig. Er legte ab 1751 den Garten des neuen Jagdschlosses in Jägersburg, im heutigen Saarland, an. Darüber hinaus ist eine Mitarbeit Petris an dem Garten des Sommerschlosses in Oggersheim ab 1752 und vor allem für das Jagdschloss von Pettersheim nachgewiesen. Petri starb 1794 in Zweibrücken. Seine Werke wurden mit Ausnahme des Schwetzinger Kreisparterres in den Revolutionskriegen zerstört.

Peter Anton von Verschaffelt – Bildhauer und Architekt

Geboren 1710 in Gent, wurde Peter Anton von Verschaffelt zunächst von seinem Großvater Pieter de Sutter ausgebildet. Ab 1731 studierte er an der Pariser Académie Royale de Peinture et de Sculpture. Zwischen 1737 und 1751 war er in Rom als selbstständiger Bildhauer tätig und führte viele Aufträge für Papst Benedikt XIV. aus. 1745 wurde er Mitglied der Academia di San Luca in Rom, einem der damals renommiertesten Institute für Kunst und Architektur. Ab 1751 arbeitete er in London für Frederick Lewis, Prince of Wales.

1752 wurde von Verschaffelt kurpfälzischer Hofbildhauer und lieferte zahlreiche Werke für die Schlösser und Gärten in Mannheim, Benrath und Schwetzingen, wo sich die meisten seiner Skulpturen heute noch befinden. Seine 1752 in Mannheim gegründete Zeichenschule erhob Kurfürst Carl Theodor 1769 zur Akademie der Malerei und Bild-

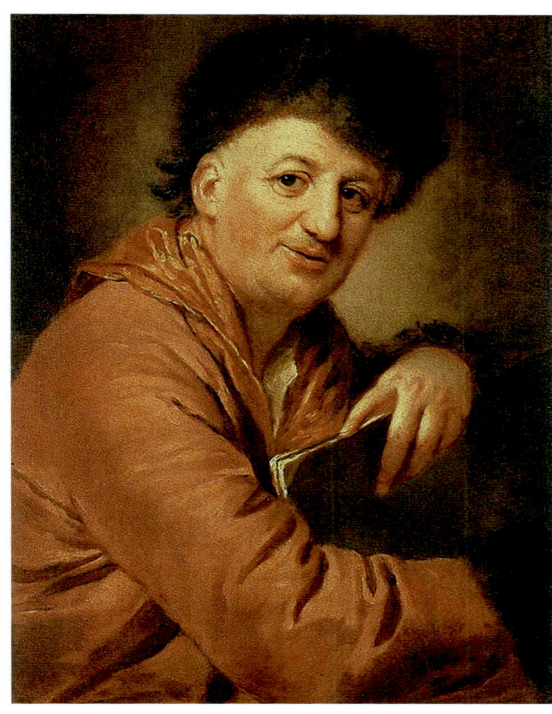

Anna Dorothea Therbusch: Peter Anton von Verschaffelt, 1764

hauerei. Peter Anton von Verschaffelt wurde Direktor dieser Institution, der 1767 der kurfürstliche Antikensaal angegliedert wurde. Von Verschaffelt starb 1793 in Mannheim.

Nicolas de Pigage – Architekt und Gartenkünstler

Nicolas de Pigage wurde am 2. August 1723 in Lunéville in Lothringen geboren und studierte ab 1744 an der Pariser Académie Royale d'Architecture.

Am 10. Februar 1749 wurde er zum Intendanten der Gärten und Wasserkünste in Schwetzingen ernannt, 1752 zum Oberbaudirektor. 1751 beauftragte ihn Kurfürst Carl Theodor mit der Vollendung des Mannheimer Schlosses und 1756 schließlich mit dem Bau des neuen Schlosses und Gartens in Benrath bei Düsseldorf. In Schwetzingen, wo de Pigage 1762 zum Gartendirektor ernannt wurde, entstanden nahezu der gesamte Garten und alle dortigen Bauten unter seiner Regie. 1768 nahm ihn bei einer Studienreise durch Italien die Academia di San Luca in Rom als Mitglied auf. Kurz danach erhob ihn Kaiser Joseph II. für Verdienste um die Kunst in den erblichen Reichsadelsstand. 1776 reiste de Pigage nach England, wo er mit Friedrich Ludwig von Sckell zusammentraf. Gemein-

Anna Dorothea Therbusch: Nicolas de Pigage, 1763

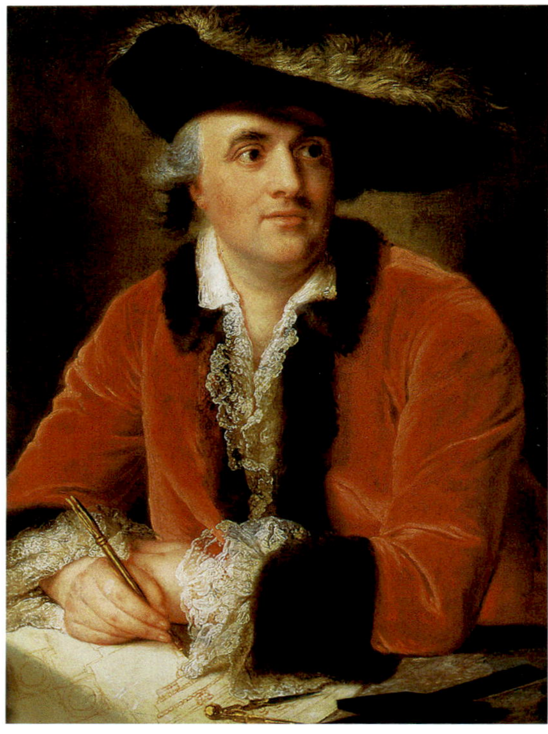

sam gestalteten sie nach ihrer Rückkehr den englischen Teil des Schwetzinger Schlossgartens. Am 30. Juli 1796 starb de Pigage in Schwetzingen.

Friedrich Ludwig von Sckell – Wegbereiter des Landschaftsgartens in Süddeutschland

Friedrich Ludwig von Sckell wurde am 13. September 1750 in Weilburg an der Lahn geboren. Sein Vater war ab 1762 Hofgärtner in Schwetzingen. Kurfürst Carl Theodor ermöglichte dem jungen Sckell Studienreisen nach Frankreich und England. Dadurch war er einer der Ersten, die den noch jungen englischen Landschaftsstil nach Deutschland brachten. Nach seiner Rückkehr wurde von Sckell Unterhofgärtner in Schwetzingen, wo er landschaftliche Gartenpartien schuf. Darüber hinaus war er als Berater für die Anlage von Gärten in ganz Süddeutschland gefragt. Als 1792 sein Vater starb, übernahm er dessen Hofgärtnerstelle; nach dem Tod de Pigages 1796 leitete er das gesamte Schwetzinger Bauwesen. 1799 ernannte ihn Kurfürst Maximilian IV. Joseph zum Gartenbaudirektor für die

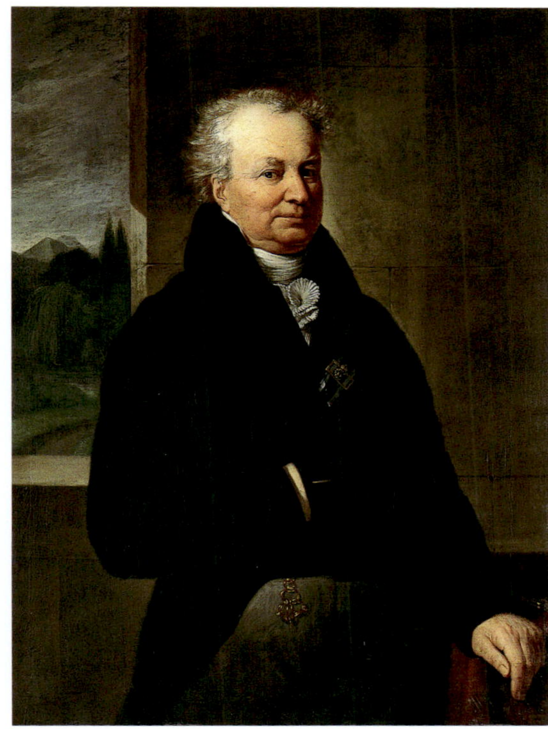

Klemens Zimmermann: Friedrich Ludwig von Sckell, um 1810

Rheinpfalz und Bayern, 1804 holte er ihn als Hofgartenintendanten nach München. Dort gestaltete von Sckell unter anderem den Nymphenburger Schlossgarten um, vollendete den Englischen Garten und beteiligte sich maßgeblich an der Stadtplanung für München. Seine 1818 veröffentlichten „Beiträge zur bildenden Gartenkunst" trugen wesentlich zur Verbreitung des Landschaftsgartens in Deutschland bei. Friedrich Ludwig von Sckell starb am 24. Februar 1823 in München. Noch heute sind seine Empfehlungen zur Erhaltung des Schwetzinger Schlossgartens die Grundlage für die Pflege der gesamten Anlage.

Johann Michael Zeyher – Gartengestalter und Botaniker

Johann Michael Zeyher wurde am 26. November 1770 in Obernzenn bei Ansbach geboren und ging bei dem Ansbacher Hofgärtner Johann Kern in die Lehre. Er arbeitete in Ludwigsburg, Stuttgart und Karlsruhe, bevor er 1792 eine Anstellung im botanischen Garten der Universität Basel bekam.

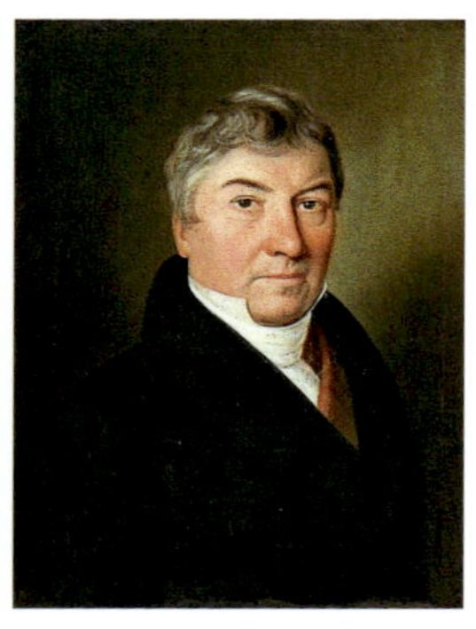

Johann Michael Zeyher, um 1815

1801 ernannte ihn der badische Markgraf Carl Friedrich zum Hofgärtner, 1804 berief er ihn nach Schwetzingen. 1806 wurde Zeyher als Gartenbaudirektor Leiter sämtlicher großherzoglicher Gärtnereien in Baden. Er gestaltete mehrere Anlagen im Sinne des Landschaftsgartens um und machte sich einen Namen als Botaniker. Unter anderem legte er eine forstbotanische Gehölzsammlung und ein Sortiment alpiner Pflanzen im Schwetzinger Arboretum an. Sein „Herbarium Zeyheri", eine Sammlung präparierter Tiere und Pflanzen aus aller Welt, ging im Zweiten Weltkrieg verloren. 1826 erhielt er den Titel „Großherzoglicher Geheimer Hofrat" und 1835 die Ehrenbürgerwürde der Stadt Schwetzingen. Zeyher starb am 23. April 1843 in Schwetzingen.

Hartmut Troll

GARTENARCHITEKTUR

GLANZVOLLES PARTERRE – DER KREIS DES JOHANN LUDWIG PETRI

Kurfürst Johann Wilhelm (1658–1716) erweiterte Anfang des 18. Jahrhunderts die im Pfälzischen Erbfolgekrieg zerstörte Schwetzinger Renaissanceburg den Anforderungen der Zeit entsprechend zu einer repräsentativen Dreiflügelanlage mit einem Ehrenhof (9). Die räumliche Lage des Schlosses zwischen den Bergen Kalmit und Königstuhl wurde mit einer barocken Achse ausdrücklich betont und unter Kurfürst Carl Philipp (1661–1742) in Richtung Heidelberg mit einer Allee ausgebildet (1), die anfänglich mit Maulbeerbäumen zur Seidenraupenzucht und ab 1802 mit Obstbäumen bepflanzt war. Nach Westen entfaltete sich erst mit dem neuen Lustgarten unter Kurfürst Carl Theodor (1724–1799) die Blickachse zur Kalmit, dem höchsten Berg des Pfälzerwaldes (85).

Der Durchgang durch das Schloss (11) gleicht einer Schwelle in eine andere Welt: Vor der etwas erhöht gelegenen Schlossterrasse öffnet sich ein weiter Raum: das Kreisparterre, auch Zirkel genannt. Er geht auf einen Entwurf des Hofgärtners Johann Ludwig Petri aus dem Jahre 1753 zurück, der die seit dem Amtsantritt von Kurfürst Carl Theodor im Jahre 1742 andauernde Dis-

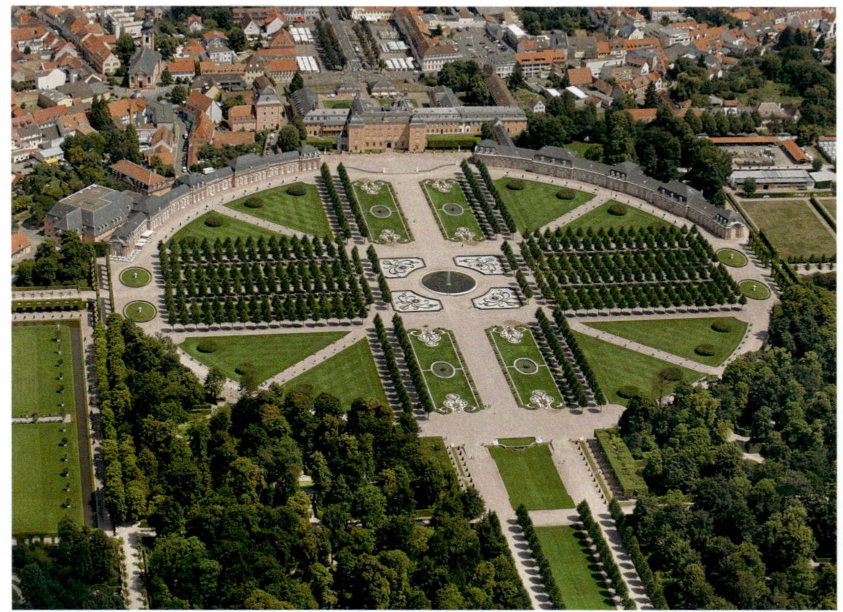

kussion um die bauliche Entwicklung des Schlosskomplexes endgültig beendete. Petri war maßgeblich an der Ergänzung des bereits vorhandenen und als Orangerie genutzten nördlichen Zirkelhauses (17) mit einem südlichen Pendant (14) beteiligt. Spiegelbildlich dazu positionierte „Berceaux de treillage" (34), Laubengänge aus Holzgitterwerk, vervollständigen den Grundriss zu einem

Kreisparterre, 2008

Blick auf die Schlossanlage, 2009

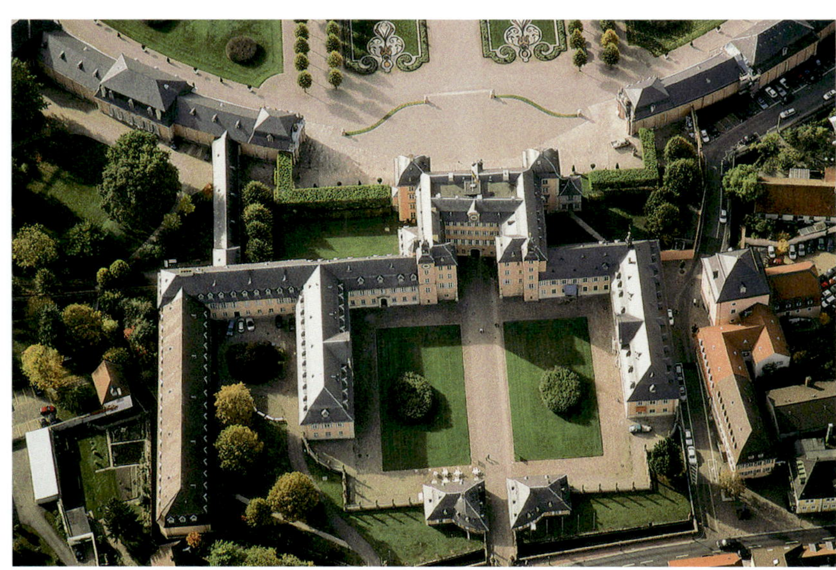

Kreis beachtlichen Ausmaßes. Das Kreisparterre stellt eine in der barocken Gartenkunst weltweit einmalige Raumschöpfung dar, deren Form und Größe als Zeichen utopischer Modernität aufgefasst werden kann. Das innere Achsenkreuz führt das Raumkonzept der Stadtanlage weiter und bildet über das Parterre hinaus das grundlegende Koordinatensystem für die Gestaltung des Gartens. Der 1748 angelegte Marktplatz vollendet die vorhandene barocke Grundstruktur der Sommerresidenz, der Zirkel aber krönt sie.

Zirkelgebäude und Schlosstheater

Die eingeschossigen Zirkelgebäude haben große, rundbogige Fenstertüren und werden von jeweils fünf Pavillons gegliedert. Während die Säle des nördlichen Zirkels (17), 1748–1750 von Alessandro Galli da Bibiena gestaltet, schlicht gehalten sind, sind im südlichen Zirkelgebäude (14), entworfen 1752–1754 von Franz Wilhelm Rabaliatti, zwei Säle als zentrale Orte höfischer Vergnügungen mit reichen Stuckdecken ausgestattet.

Durch das nördliche Zirkelhaus erreicht man das dahinterliegende Schlosstheater (19), erbaut von Nicolas de Pigage 1752–1753. Der Zuschauerraum besteht aus einer

Nördliches Zirkelhaus, 2021

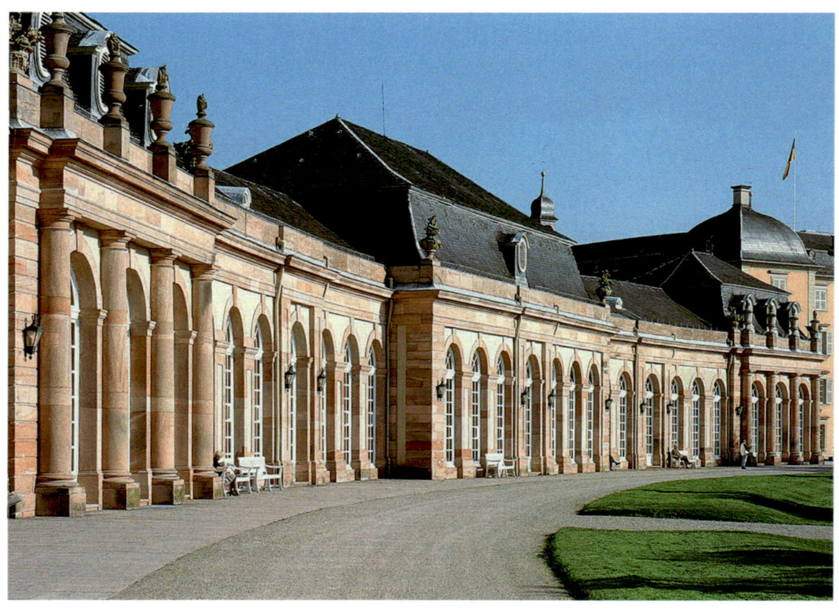

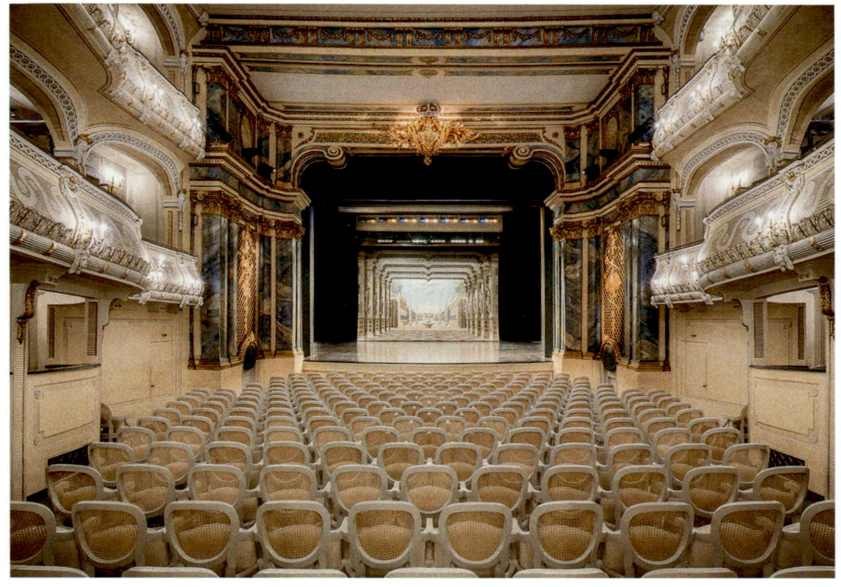

Der Zuschauerraum des Schlosstheaters

hufeisenförmigen Holzkonstruktion mit zwei in den Raum hineinragenden Rängen und einem zur Bühne hin leicht abfallenden Parkett. Der Innenraum weist heute die klassizistische Fassung – damit ist die Bemalung gemeint – um 1770 auf.

Das Hoftheater ist das weltweit älteste erhaltene Rangtheater und ein Idealtypus eines akustischen Raumes. Es ist der erste und gleichzeitig der einzige erhaltene höfische Theaterbau, der der fortschrittlichen französischen Architekturtheorie seiner Zeit entspricht.

Mit der Errichtung des Schlosstheaters und dem Bau der Neuen Orangerie (23) verlor der nördliche Zirkel seine ursprüngliche Funktion. Die Räume dienten nun als Foyer, Wandelhalle und in Teilen als Magazin für die Theaterdekoration. Der südliche Zirkel beherbergt heute in dem schlossseitigen Raum eine anschauliche Ausstellung über die Geschichte des Schwetzinger Schlossgartens.

Die drei Orangeriegebäude von Schwetzingen hatten immer eine besondere Bedeutung. So wurde beispielsweise die Orangerie im Lustgarten von Kurfürst Carl Phillipp auch als Festsaal genutzt und war prächtig ausgestattet.

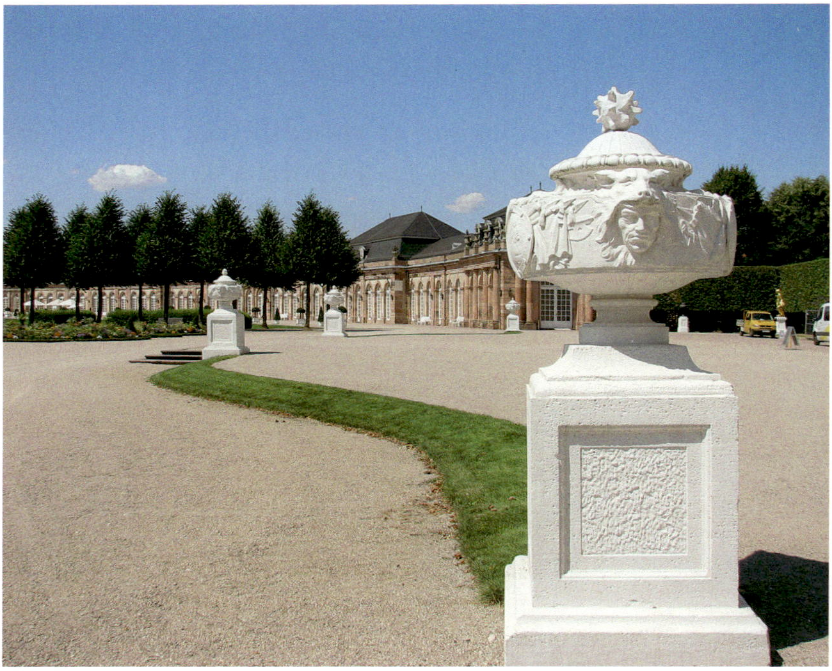

Eine der vier Weltzeitaltervasen von Peter Anton von Verschaffelt

Einige der „delfter porcellaine platten“ des zentralen Saales, die den vornehmen Zweck der damaligen Orangerie anzeigen, sind heute als Wandverkleidung im Porzellanhäuschen vor dem Badhaus erhalten. Gleichfalls Boten aus dieser Zeit sind die zwei goldenen Statuen, die rechts und links des Schlosses vor den Heckenwänden stehen. Es handelt sich um zwei Darstellungen der Atalante, einer Jägerin aus der griechischen Mythologie, von Heinrich Charasky (1656–1710). Die Figuren verweisen auf den Zweck als Jagd- und Lustschloss.

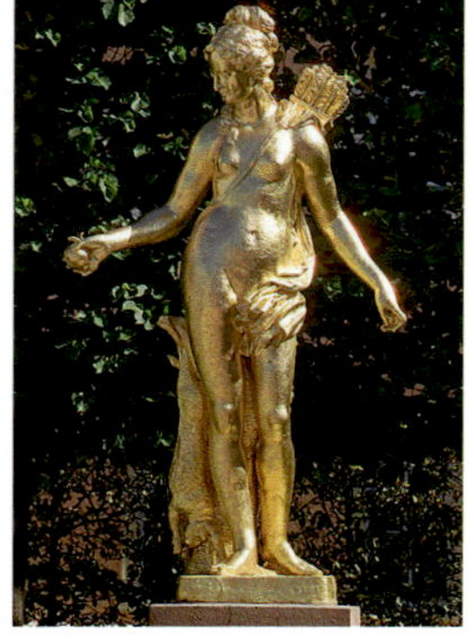

Böotische Atalante von Heinrich Charasky

Schon im Vorgängergarten scheint – vermittelt über eine beeindruckende Menge an italienischen Gewächsen – das Motiv des „Goldenen Zeitalters“ prägend gewesen zu sein. Diese mythische Idee wird im Gartenprogramm gezeigt und auf den Fürsten und sein Territorium übertragen. Die seit der Renaissance gepflegte Orangeriekultur – Pomeranzen blühen und fruchten gleichzeitig und sind immergrün – verkörpert in einem ganz allgemeinen Sinn die Utopie dieses vergangenen Ideals. Die vier sogenannten Weltzeitaltervasen (28) (Peter Anton von Verschaffelt, 1762–1766) am Übergang zwischen Terrasse und Parterre formulieren das Thema der Wiederkehr des Goldenen Zeitalters unter Kurfürst Carl Theodor als Überschrift des Gartens. Die Urnen aus gelbem Sandstein tragen Embleme der Gartenkunst, der Landwirtschaft, der Jagd und des Krieges, die das goldene, silberne, eherne und eiserne Weltalter der antiken Mythologie symbolisieren. In Ovids Metamorphosen ist die Wiederkehr als das fünfte Weltzeitalter formuliert. Kurfürst Carl Theodor beanspruchte somit, durch seine Herrschaft ein goldenes Zeitalter für die Kurpfalz einzuläuten.

Der Arionbrunnen

Den zentralen Punkt des Kreisparterres besetzt der Arionbrunnen (30) mit einem 15 Meter hohen Wasserstrahl, was für die damalige Zeit beachtlich war, begleitet von den niedrigeren Fontänen der vier Puttengruppen. Das Element Wasser galt insbesondere in bewegter Form als die lebendige Seele der Gärten. Für Fontänen, den Inbegriff dieser Idee, waren beträchtliche Wassermengen mit ausreichendem Druck notwendig. Umso bemerkenswerter ist, dass in Schwetzingen die Wasserhebetechnik ausreichte, um – wie sonst nur für Petersburg beschrieben – alle Wasserspiele zugleich zu betreiben. Dies wurde über zwei Wasserhebewerke (13; 27) erreicht.

Arion auf einem Delfin: Skulptur im Arionbrunnen

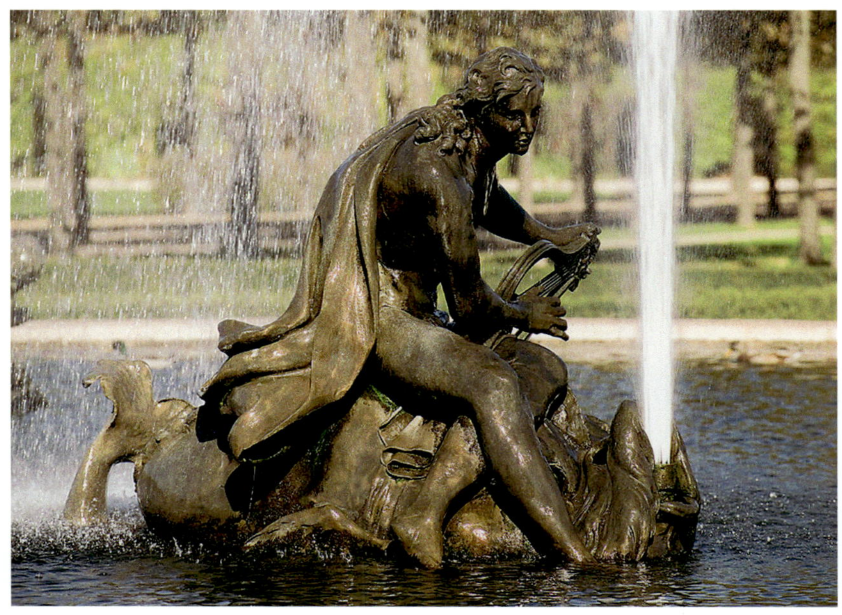

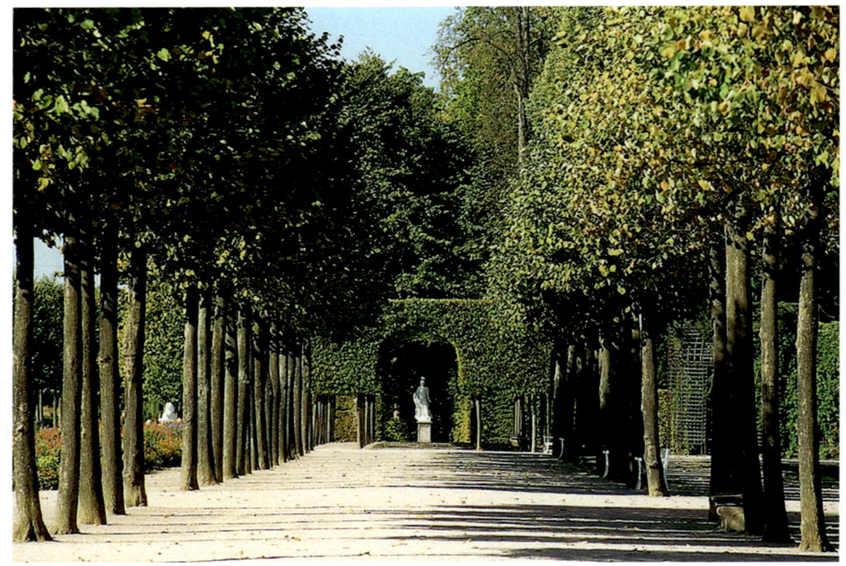

Lindenallee im Kreisparterre

Die figürliche Komposition des Brunnens verweist auf den griechischen Sänger und Dichter Arion, der dem Mythos nach von einem Delfin des Sonnengottes Apollo vor dem Ertrinken bewahrt wurde. Die Figurengruppe war Teil des Nachlasses des polnischen Titularkönigs und Herzogs von Lothringen, Stanislaus Leszczynski (1677–1766), der 1766 starb. Der Bildhauer Barthélemy Guibal (1699–1757) hatte sie in der ersten Hälfte des 18. Jahrhunderts für dessen Sommerresidenz in Lunéville geschaffen. In den Broderiebeeten (31) um den Arionbrunnen stehen vier Marmorvasen von Francesco Carabelli aus der ersten Hälfte des 18. Jahrhunderts zur Verherrlichung der Künste.

Bepflanzung und Gestaltung

So sehr Wasserspiele und Skulpturen den Garten beleben und akzentuieren, seine eigentliche Architektur wird gerade im Barock von der Vegetation gebildet. Die Hauptachse wird von zwei seitlichen Lindenalleen gesäumt, die westlich des Kreisparterres zur Stärkung der perspektivischen Wirkung verjüngt werden. In der Querachse des Zirkels begleitet eine dritte Allee den Mittelweg. Die Baumreihen dienen der Blickführung und trennen die einzelnen Teile des Parterres optisch voneinander. Die jährlichen Schnittmaßnahmen erhalten die jugendliche, pyramidale Form der Krone, das ästhetische Ideal der Zeit.

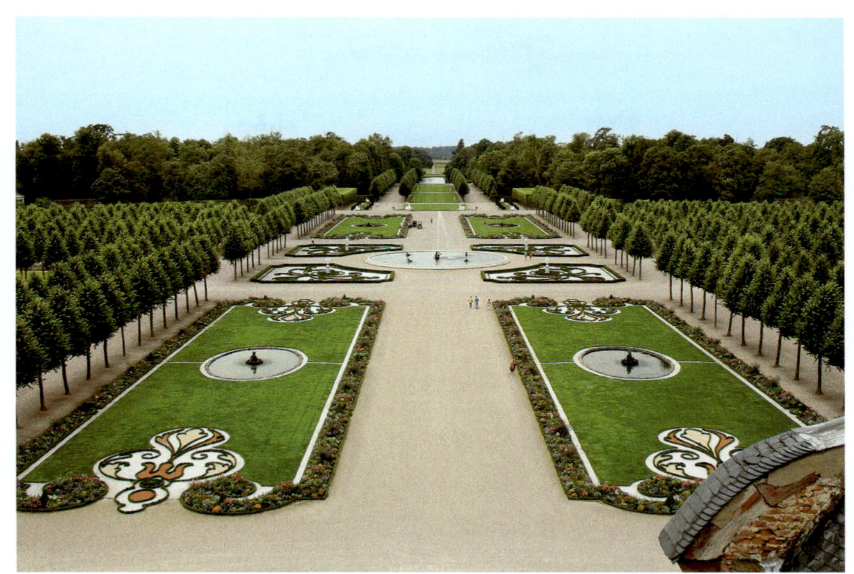

Parterres à l'angloise mit Broderien

Die gestalterische Eröffnung des Parterres, eine kleine, geschwungene Rasenböschung (Talus de gazon), zeigt ebenso wie die sich anschließenden „Parterres à l'angloise" (29) durch die nun bevorzugte Verwendung von Rasen als Gestaltungselement ein im Vergleich zum Barock geändertes Verhältnis zur Natur an. Der englische Garten mit seinen ausgedehnten Rasenflächen diente hier als Vorbild. Rasenparterres entsprachen somit der Maxime der Zeit, dass die Kunst der Natur weichen solle.

Für den Zirkel verwendete Johann Ludwig Petri verschiedene Parterreformen. Die rechteckigen Parterres à l'angloise bestehen jeweils aus einer durch Zierwege gegliederten Rasenfläche und rahmenden Blumenrabatten. Ihre Mitte betont je ein Ovalbassin mit Putten auf wasserspeienden Schwänen oder Seeungeheuern. Die Rahmenrabatten laufen an den Schmalseiten in Voluten aus, eine schneckenförmige, um 1750 sehr aktuelle Gestaltungsform. Zwischen diesen Voluten ist ein Broderieornament eingefügt; der Blick auf die wenig gegliederte Rasenfläche ist frei.

Broderien, stickmusterartige Ornamente aus niedrigen Buchszeilen, die farbig bekiest sind, gelten als die kunstvollste Parterreform, als „die schönste und beste unter allen". Das ist aus der Herkunft des Wortes „Broderie" ersichtlich: Es bedeutet „Stickerei". Die vier vollständig als Broderie angelegten Parterrebeete (31) um das zentrale Arionbassin wiederholen mit der schlossfernen Lage die Zentriertheit der Kreisfigur. Ihre Rahmung mit kniehohen Buchshecken zeigt Petri als Kenner des neuesten Standes europäischer Gartenkunst, löste diese Form der Einfassung doch erst um die Mitte des 18. Jahrhunderts die zuvor üblichen Blumenrabatten ab.

In der Querachse des Zirkels legte man schlichte Rasenparterres mit Zierwegen und zentralem Obelisken (32) an, gesäumt von einer möglicherweise ursprünglich als Hochhecke formierten Baumreihe, die wiederum in einem Rasenstreifen steht. In ihrer Verlängerung bilden Arkaden aus geschnittenen Linden (33) die räumliche Fassung des Kreises. Die Rangordnung der Parterreformen betont nicht nur die in der Kreisform bereits angelegte Stilisierung der Mitte, sondern gleicht mit ihrer immanenten Hierarchisierung auch die für einen barocken Garten durchaus problematische Richtungslosigkeit eines Kreises aus.

Für die vier Kreissektoren in den Winkeln des Achsenkreuzes plante Petri boskettartige, das heißt wäldchenartige, Pflanzungen. Der Entwurf zeigt somit die typischen Elemente seines Schaffens. Insbesondere Alleen und Baumreihen kennzeichnen sein Werk. Anstelle dieser Baumstücke legte Nicolas de Pigage in den Zwickeln des Kreises Boulingrins an und säumte sie mit Rabatten aus niedrig gehaltenen Blütensträuchern. Auch diese vertieften Rasenstücke verweisen auf den aktuellen zeitgenössischen Geschmack, da der Begriff vom englischen Rasenspiel Bowling abgeleitet ist. „Bowling Green" wurde in Frankreich zum „Boulingrin", wo man Boule spielte. Pigage transformierte damit den Kreis des Johann Ludwig Petri zu einem im landschaftlichen Maßstab erfahrbaren Raum. Der spätere Gartendirektor Johann Michael Zeyher schwärmte in seinem Gartenführer aus dem Jahre 1809 von der außerordentlichen Schönheit, dem Wohlgeruch und der Blütenfülle der rahmenden „lieblichen Gesträuche". Die heutigen Fliedertuffs in den Vertiefungen stammen aus der Zeit um 1900.

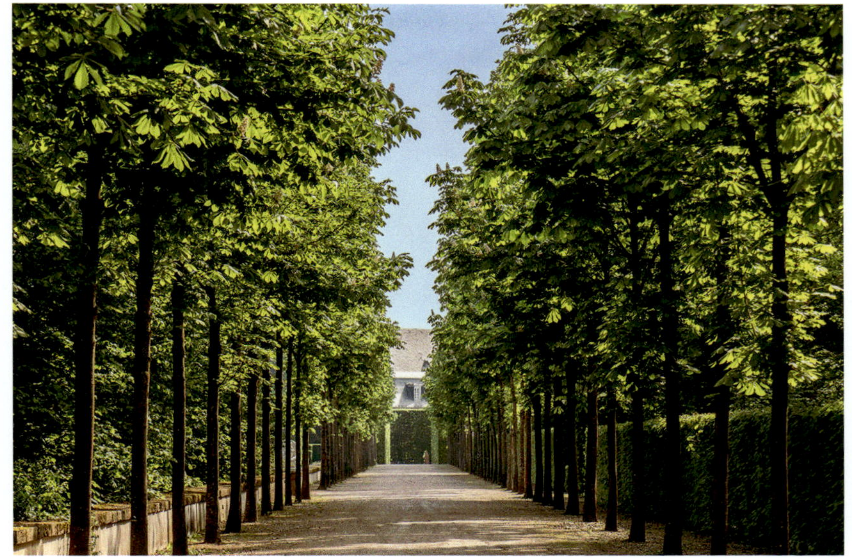

Kastanienallee

Insgesamt zeigt Johann Ludwig Petris Entwurf eine große Übereinstimmung mit Vorgaben zeitgenössischer Gartentheorie. Gleichzeitig sind die Elemente spätbarocker Formensprache ausgewogen und in klassischer Art aufeinander abgestimmt, wofür vor allem Nicolas de Pigage verantwortlich zu sein scheint, dessen Entwurfsstil zu Recht mit dem Begriff der zierlichen Strenge beschrieben wird. Noch rund sechzig Jahre später lobte Friedrich Ludwig von Sckell, obwohl selbst ein Befürworter des Landschaftsgartens, die Architektur des Kreisparterres als Muster einer regelmäßigen Prunkanlage und lud gleichsam zu einem Spaziergang ein: „Obschon ich nie ein Freund von Gitterwerken war, … so möchte ich doch dem freundlichen schönen Bogengang daselbst, … um so mehr das Wort reden, weil er einen im beständigen Schatten führenden anmuthigen, und ich möchte sagen, schwärmerischen Spaziergang einschließt."

Das Kreisparterre stellt eine einmalige Raumschöpfung dar und geht auf die in der Geschichte der europäischen Gartenkunst des 18. Jahrhunderts ungewöhnliche Aufgabe zurück, ein barockes Parterre mit seinem ausgeprägten Tiefenzug in einer Kreisform auszubilden.

OBERES UND UNTERES WASSERWERK

Schon der Schlossgarten des Kurfürsten Carl Philipp verfügte über ein Wasserwerk mit einem hölzernen Wasserturm von 25 Fuß Höhe. Dessen Pumpleistung reichte aber nicht mehr aus, um die Fontänen im stetig erweiterten Schlossgarten zu betreiben. Daher wurde 1756 der Brunnenmeister Thomas Breuer zum Studium der berühmten Wasserhebemaschine von Marly nach Frankreich geschickt, „um in Stand gesezet zu werden, ... ein ausführliches Modell von dem zu Schwetzingen eingerichtet werden sollenden wasserwerck verfertigen zu können". Die Maschine von Marly sollte die unzähligen Wasserkünste im Garten des Sonnenkönigs Ludwigs XIV. in Versailles mit Wasser versorgen. Nach diesem Stand der Technik wurde nach Breuers Rückkehr das Untere Wasserwerk (27) errichtet. Als Antrieb dienten Wasserräder im benachbarten Leimbach. Wellen und Zahnräder übertrugen die Kraft auf Kolbenpumpen. Aus mehreren miteinander verbundenen Zisternen wurde das Wasser über bleierne Steigleitungen in die Reservoirs gepumpt. Im Unteren Wasserwerk ist zusätzlich eine mit Wasserkraft betriebene Knochenmühle vorhanden. Knochenmehl nutzte man zur Herstellung von Leim und als Dünger. Zur Präsentation der beindruckenden Technik des Unteren Wasserwerks wurde vor Ort eine kleine Dauerausstellung eingerichtet. Im seit 1771 ebenfalls steinernen Turm des Oberen Wasserwerks (13) befanden sich zwei Bleireservoirs, die über eine Druckleitung die zentrale Arionfontäne speisten. Darunter lagen zwei Kupferbehälter für die niedrigeren Springstrahlen der Puttengruppen und des Seepferdbrunnens. Der Überlauf des Arionbassins versorgte weitere Wasserspiele in den Angloisen der Umgebung. Heute füllen elektrische Pumpen die Hochbehälter, die historische Mechanik ist aber noch voll funktionstüchtig. Den Turm des Oberen Wasserwerks kann man heute zu den Öffnungszeiten der zentralen Informationsstelle des Finanzamtes besichtigen, nebenan liegt das Pumpenhaus mit den originalen Maschinen. Die beiden Schwetzinger Wasserwerke sind als technische Denkmäler von herausragender Bedeutung: Es ist die älteste vollständig erhaltene Wasserversorgungsanlage auf der Basis eines Pumpsystems, zumindest in Deutschland.

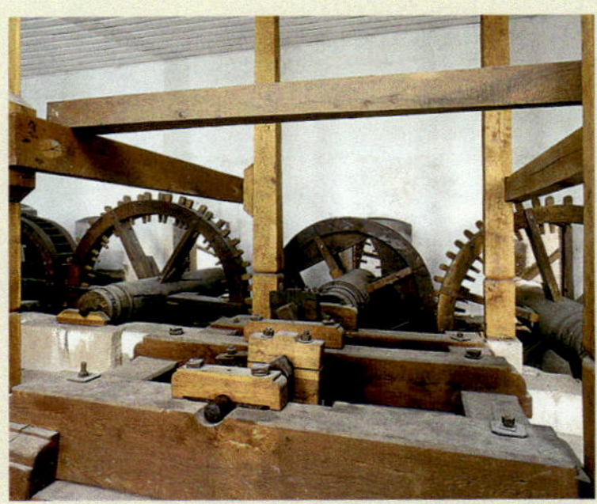

Räderwerk des Oberen Wasserwerks

Das Hirschbassin

Am westlichen Abschluss des Kreisparterres befindet sich das Hirschbassin (35). Die Skulpturen zweier von Hunden bedrängter Hirsche (Peter Anton von Verschaffelt, 1766–69) speien Wasser in das flache Becken. Mit den niedergerungenen Hirschen wird wieder das Jagdthema aufgegriffen. Johann Michael Zeyher berichtete hierzu in seinem Gartenführer die Legende, dass „einst ein Hirsch von 10 Enden gejagt ward, das geängstigte Tier floh, rettete sich in den Garten und ward von den Hunden auf diesem Platz gefangen. Zum Andenken dieses Ereignisses verfertigte der Ritter von Verschaffelt auf Befehl Karl Theodors nun diese zwei Gruppen“. Aus dem Hirschbassin ergoss sich das Wasser über eine Schwelle in ein großes Spiegelbassin (39), dessen Konturen heute noch an den Umrissen der Rasenfläche zu erkennen sind. 1803 plädierte Friedrich Ludwig von Sckell wegen technischer Probleme für einen Rückbau: „Der Hirsch Bassin müste wenn er bleiben soll, einen ganz neuen wasserdichten Boden erhalten: allein ich rathe ihn völlig zu cassieren.“ Das obere Bassin wurde 1820 in deutlich reduziertem Umfang wieder errichtet. Die ursprünglich halbkreisförmige Grundrissform konnte in jüngster Zeit durch archäologische Untersuchungen exakt nachgewiesen werden.

Hirschbassin mit der Galerie aus geschnittenen Linden

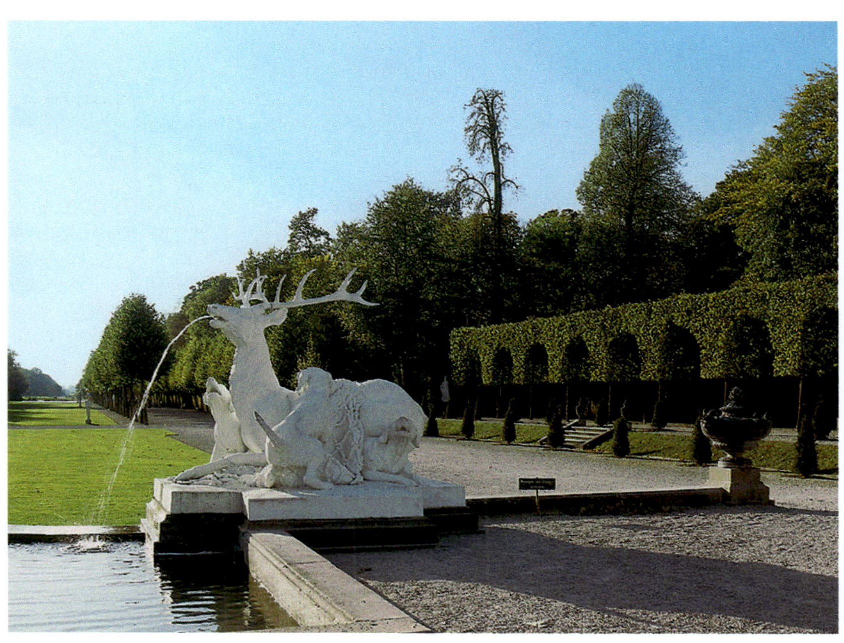

Erhöht gelegene grüne Galerien (37) aus geschnittenen Bäumen flankieren das ehemalige Spiegelbassin. An den vier Eckpunkten der Böschungen sind zwischen den Baumgewölben und dem Bassin Allegorien der vier Elemente (38) von Verschaffelt platziert: die Erdgöttin Kybele mit einem Löwen, Vulkan für das Feuer, Neptun für das Wasser und die Göttin Juno mit einem Tuch und einem Vogel für das Element der Luft. Westlich des ehemaligen Spiegelbassins schließt sich die sogenannte Kugelallee (40) an, ein Rasenstück (tapis vert), das von Lindenalleen begleitet und mit vergoldeten Kugeln auf Sandsteinstelen geschmückt ist. Dahinter setzt sich die Sichtachse über den Großen Weiher (79) zur Kalmit in die Landschaft fort.

SYMMETRIE UND PROPORTION – DIE RÄUME DES NICOLAS DE PIGAGE

Der Barockgarten wurde als räumliches Spiegelbild der Schlossarchitektur begriffen. Das Boskett bildet den Gegenpart zum offenen, weitläufigen Parterre: dort der sonnige und lichtdurchflutete Platz demonstrativer Begeg-

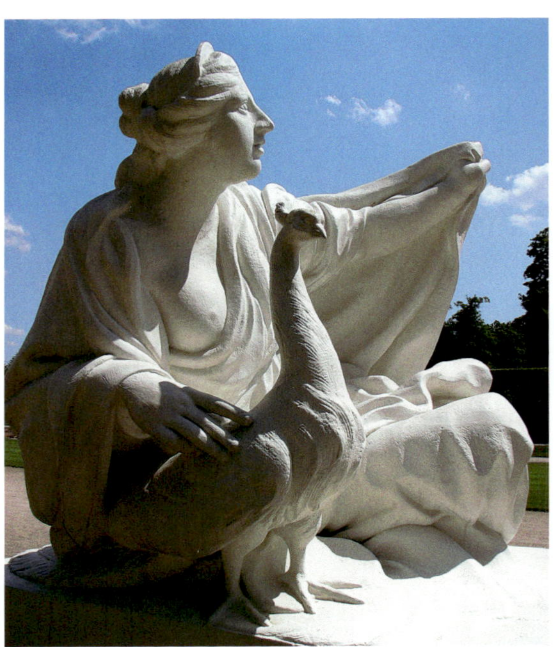

Peter Anton von Verschaffelt: Göttin Juno, Allegorie der Luft

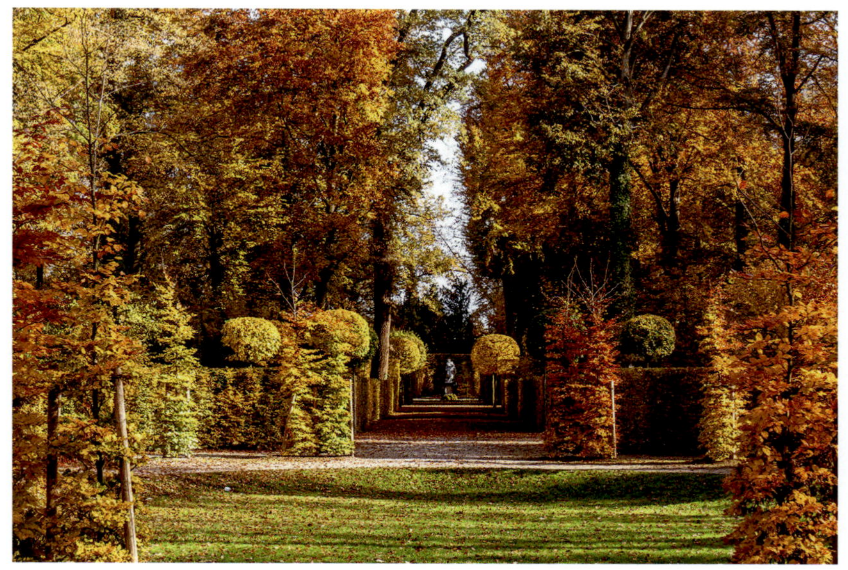

Südliches Boskett

nungen, die Entsprechung des Festsaals im Freien, hier die schattigen und mehr im Verborgenen liegenden Orte, vergleichbar den Kabinetten und Salons im Schloss. Boskette galten nach der maßgeblichen Gartentheorie der Zeit von Antoine Joseph Dézallier d'Argenville (1680–1765) als die größte Zierde, ohne „Lustgebüsch" könne kein Garten als schön gelten. Entsprechend große Sorgfalt wurde deren Gestaltung gewidmet.

Die Boskette in Schwetzingen entwarf Nicolas de Pigage im Wesentlichen in der zweiten Hälfte der 1760er Jahre. Dabei gestaltete er im Anschluss an das Kreisparterre „Bosquets à l'angloise" (41, 45). Dem Streben nach Abwechslung gemäß sind die Wegemuster verspielter, fast labyrinthisch. Variierende Sichtachsen auf Skulpturen und andere Blickfänge („points de vue") sind typische Gestaltungselemente. Die Füllung des Bosketts wandelt sich vom rahmenden Hintergrund zu einem Schaustück mit blühenden Sträuchern. Dem Gebot der Präsentation folgend werden die Hecken teilweise nur mehr brusthoch geschnitten.

Westlich davon sind klassische Boskette (49, 53) in klaren geometrischen Formen ausgebildet. Sie ähneln kleinen Wäldchen, in denen die Wege und Räume von hohen

Heckenwänden gesäumt sind. Insgesamt gewinnt im Grundriss die Diagonale an Gewicht, auch geschwungene Linien werden eingesetzt.

Die Angloisen

Westlich des Zirkels erstrecken sich die „Bosquets à l'angloise". Durch den mittleren Pavillon des Laubenganges blickt man vom Zirkel auf den Minervatempel (42) (Nicolas de Pigage, 1767–73) in der südlichen Angloise (41). Dem Tempel vorgelagert sind eine Rasenfläche und ein niedriger Reliefbrunnen des Bildhauers Konrad Linck (1730–1793), der zugleich als Sockel für den Vorplatz und den Tempel dient. Platanen am Rand der Rasenfläche erinnern an die heiligen Haine der Antike. Die Minervastatue im Tempel stammt von Gabriel de Grupello (1644–1730).

Vom Hain der Minerva zur westlich davon gelegenen Urnenallee (43) leitet ein Wegkreuz über, dessen Endpunkte mit aus Düsseldorf stammenden Skulpturen besetzt sind. Dies sind ein Merkur – der römische Gott ist am geflügelten Helm zu erkennen – und eine sogenannte Minerva Pictura von Gabriel de Grupello, die als Schutzgöttin der Malerei eine Palette in der Hand hält, sowie eine Agrippina des italienischen Bildhauers Andrea Vacca; sie war die Mutter des römischen Kaisers Nero. Die Ur-

Tempel der Minerva

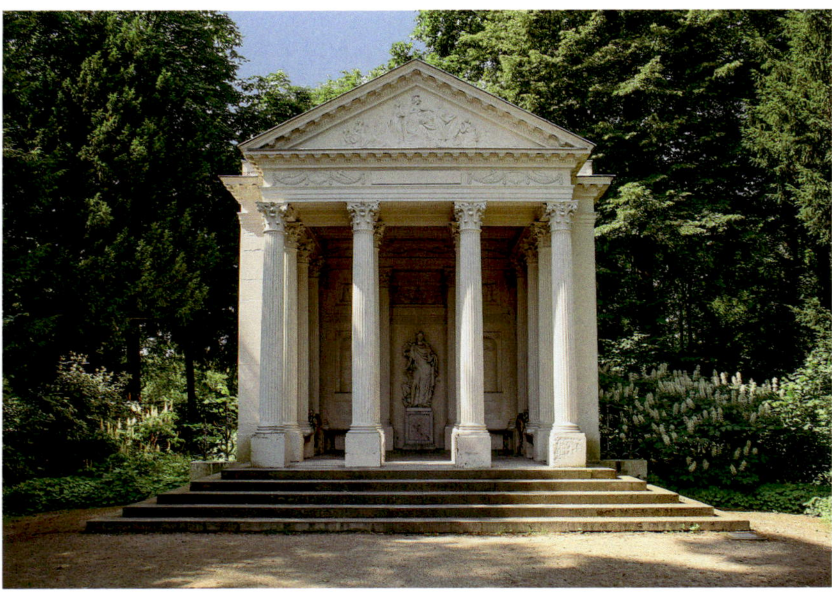

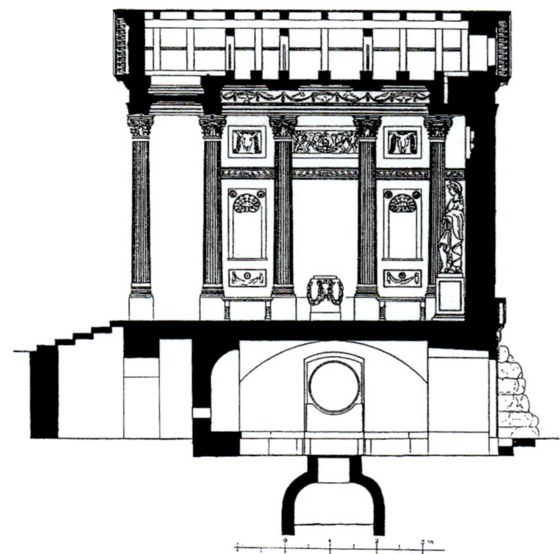

Wilhelm Schweitzer: Längsschnitt des Minervatempels, um 1930

nenallee, ein von hohen Hecken gesäumter Gartenraum, ist mit acht Bleivasen (Konrad Linck, vor 1769) sowie immergrünen säulenförmigen Sträuchern (Thujen) geschmückt. Letztere deuten die Kreuzbögen aus lebendem Astwerk an, die die Allee ursprünglich überspannten. Die Marmorskulptur des „Lykischen Apoll" (44) (Paul Egell, um 1746) stand ursprünglich im Rittersaal des Mannheimer Schlosses und eröffnet eine Enfilade, das heißt eine Abfolge, kunstvoll gestalteter Gartenräume über das Spiegelbassin hinweg, bis zum Felsen des Pan, möglicherweise eine Referenz an deren musikalischen Wettstreit in der griechischen Mythologie. In der Mitte der Urnenallee befindet sich ein achteckiges Bassin, in dem einmal die heute auf der Grotte am Badhaus platzierte Wildschweingruppe stand.

Der südlichen Angloise liegt jenseits der Mittelachse des Gartens die nördliche Angloise (45) spiegelbildlich gegenüber. Vom Zirkel aus fällt der Blick durch das Mittelportal des Laubengangs auf den Galateabrunnen (46) von Gabriel de Grupello. Die Brunnenskulptur wurde im Jahr 1767 im Auftrag Carl Theodors von Düsseldorf nach Schwetzingen gebracht.

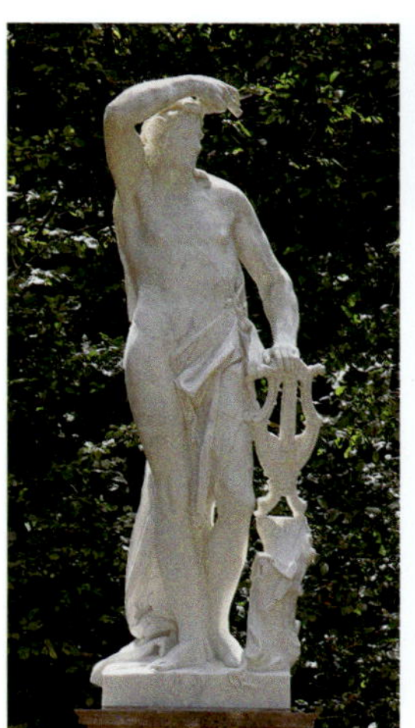

Paul Egell: Lykischer Apoll, um 1746

Vom Galateabrunnen führt ein Weg nach Westen zum sogenannten Vogelbad (47). Er läuft direkt auf einen Felsen aus Tuffstein zu, von dem Wasser in ein halbrundes Becken rinnt. Ganz oben sitzt die Figur des Flöte spielenden Hirtengotts Pan (48) von Peter Simon Lamine (1774). Die sockelfreie Einbindung von Skulpturen in das Gartenbild dient dem Eindruck von Natürlichkeit. Die Rahmung mit Fichten soll mit „schauerlichem Dunkel" feierliche Gefühle hervorrufen und integriert auf diese Weise bereits Stilelemente des Landschaftsgartens.

Das Vogelbad bildet in der Symmetrie des Gartens das Gegenstück zur Urnenallee. Es ist ein langgezogener Heckenraum mit einer Brunnenanlage. Von zwei Seiten schlängeln sich flache Wasserläufe auf ein zentrales Becken zu, ein wunderbar verspieltes Rokoko-Motiv. Im Wasserbecken befinden sich zwei Putten auf Seeungeheuern (Barthélemy Guibal zugeschrieben, erste Hälfte des 18. Jahrhunderts). Zusätzlich sind Bleivasen (Peter Anton von Verschaffelt, um 1770) und Ruhebänke im ovalen Heckenraum aufgestellt. Dominiert wird die Anlage von einer überlebensgroßen Marmorfigur des Weingottes Bacchus (Andrea Vacca, um 1766 nach Schwetzingen verbracht).

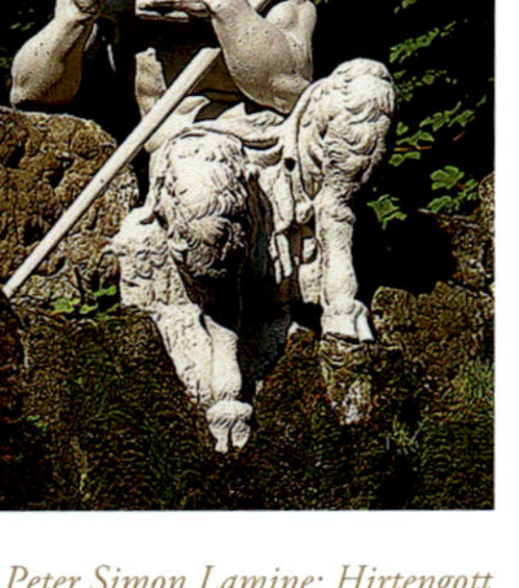

Peter Simon Lamine: Hirtengott Pan, 1774

Zwischen den Angloisen lag das bereits erwähnte Spiegelbassin, dessen Form heute nur noch von den Umrissen der Rasenfläche angedeutet wird. In diesem Bereich zeigt sich Nicolas de Pigage als Meister im Spiel mit Raumfolgen unterschiedlicher Lichtverhältnisse. Die durch die Kreuzbögen nach oben abgeschlossene Urnenallee bildete einen halbschattigen Raum. Im Kontrast dazu war das gegenüberliegende Vogelbad zum Himmel offen. Dazwischen lagen die dunklen Baumgewölbe und in der Mitte das Spiegelbassin als große, lichtreflektierende Wasserfläche.

Die großen Boskette

Die großen Boskette (49, 53) schließen sich westlich an die Angloisen an. Die sie verbindende Löwenallee reicht von der Treppe, die zum Orangeriegarten führt, bis zum Eingang des Türkischen Gartens (90) und ist benannt nach den beiden steinernen Löwenpaaren (Peter Anton von Verschaffelt, 1773). Dichte, brüstungshohe Bankethecken trennen die Fahrbahn von den Fußwegen. Sie werden an Kreuzungspunkten durch Bäume geglie-

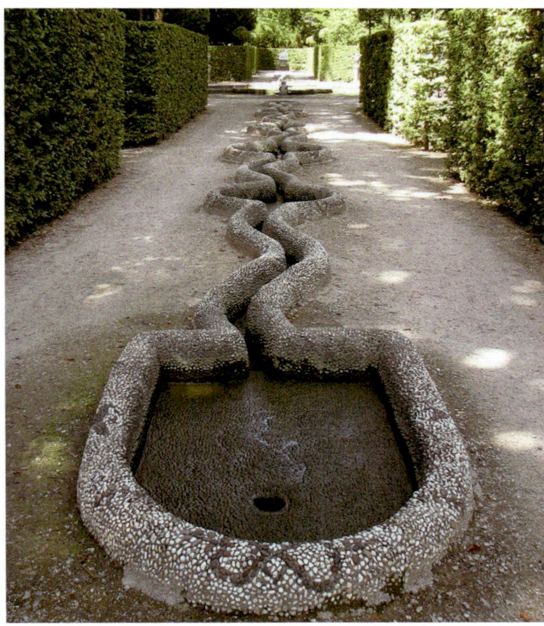

Vogelbad in der nördlichen Angloise

dert, deren Art und Schnittform die benachbarten Gartenbezirke gleichsam anzeigen, ein für de Pigage typisches Spiegelmotiv.

In den großen Bosketten lassen diagonal und halbkreisförmig geführte Wege verschiedene Platzsituationen entstehen, die mit kugelförmig geschnittenen Bäumen akzentuiert werden. Die Boskettmitte gilt in der zeitgenössischen Gartentheorie als das repräsentative Schaustück mit hohem gestalterischem Anspruch. Nicolas de Pigage reagiert auf diese Anforderung mit einem besonderen Entwurfsprinzip, das als typologische Variation bezeichnet werden könnte: Dem klassischen Grundtypus eines Lustwäldchen mit hohen Spalieren wird jeweils eine Sonderform eingeschrieben, im nördlichen Teil in eine Quincunx – Baumreihen, die wie die Fünf auf einem Würfel angeordnet sind – und im südlichen ein Koniferenwäldchen mit Fichten und Lärchen, das in der immergrünen Anmutung als der schönste Boskettyp überhaupt galt.

In der Mitte des nördlichen Bosketts (53) ist heute wieder die ursprünglich vorhandene Pflanzung eines regelmäßigen Rasters mit der in den Quellen belegten und mit ei-

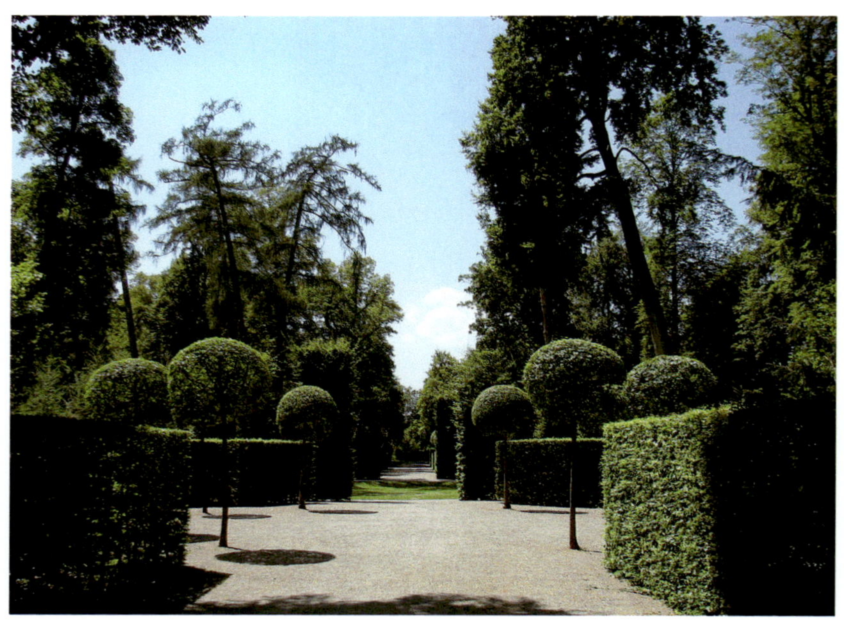

Kugelförmig geschnittene Bäume in den Bosketten

nem Original-Exemplar noch erhaltenen Flatterulme erlebbar: eine Quincunx (54). Diese im 18. Jahrhundert häufig verwendete, hoch artifizielle Form gegeneinander versetzter Baumreihen galt als Höhepunkt der vegetabilen Ausstattung eines Bosketts, bietet sie dem Besucher doch Schatten, gewährt aber im Gegensatz zu den mit Füllgehölzen dicht bewachsenen Boskettzonen freien Durchblick.

Die wieder freigestellten Nischen an den Rändern der Quincunx beherbergen die dort nachgewiesenen großen Löwenvasen. Werden die Vasen gedanklich miteinander verbunden, entsteht ein Quadrat, welches die rhombische Grundfläche der Baumpflanzung umschließt. Die Vasen waren in der zweiten Hälfte des 19. Jahrhunderts, nachdem sie von einem umgestürzten Baum beschädigt worden waren, im Kreisparterre aufgestellt worden und kehrten im Zuge der Sanierung der Quincunx wieder an ihren ursprünglichen Standort zurück.

Das Zentrum des südlichen Bosketts (49) bildet eine ovale Rasenvertiefung (50) (Boulingrin), die von einer Kolonnade, einem Säulengang aus Gitterwerk und Ulmen umschlossen war. Diese Treillage-Architektur zeigt die hohe Ambition der zeitgenössischen Gestaltung, galt

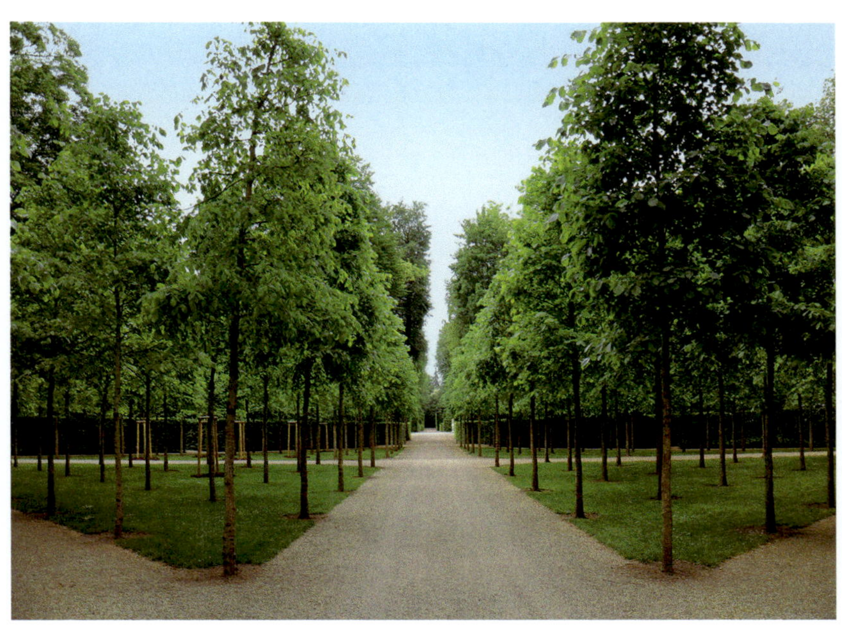

Quincunx mit der originalen Baumart der Flatterulme

ein solcher Raum doch als das prachtvollste Gebilde im Boskett. Sie wurde um 1800 aufgegeben. Arkaden aus geschnittenen Buchen sollen heute die barocke Raumidee wieder erlebbar machen. Um den ovalen Mittelraum des Bosketts sind in Heckennischen Kopien der ursprünglich dort vorhandenen und über gartenarchäologische Grabungen belegten Vasen des Künstlers Konrad Linck aufgestellt. Die vier Felder markieren das im Oval eingeschriebene, mit Nadelbäumen bepflanzte Quadrat. Dieses „immergrüne Wäldchen“ lobt Johann Michael Zeyher wegen der Schönheit und des schwelgerischen Wuchses der Rottannen und Lärchen, besonders im Winter sei dieser Anblick schön.

Denkmal für frühgeschichtliche Funde

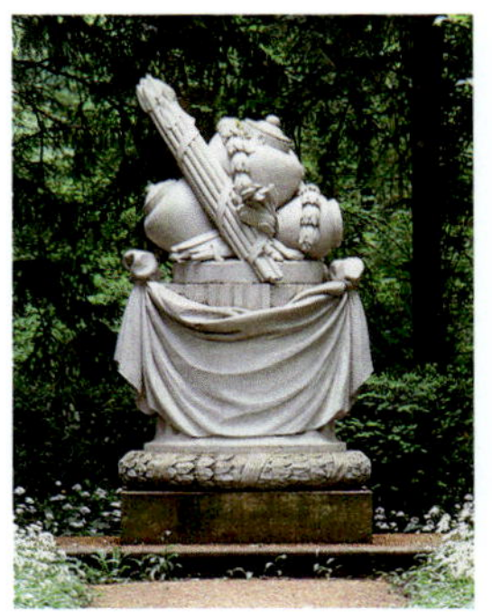

Zwei Denkmale Peter Anton von Verschaffelts von 1771 sind Zeugen der Entstehung des Bosketts. Das eine erinnert an historische Funde von Waffen und Urnen, die zu Beginn der Bauarbeiten 1765 beim Abtrag einer Düne entdeckt und als Überreste einer Römerschlacht gedeutet wurden (52). Das andere Monument (51) würdigt mit der lateinischen Inschrift die Anlage des Gartens durch Carl Theodor: „Du staunst, Wanderer! Sie selbst staunt, die es versagt hatte, die große Mutter der Dinge, die Natur. – Carl Theodor hat dies zur Erholung von seinen

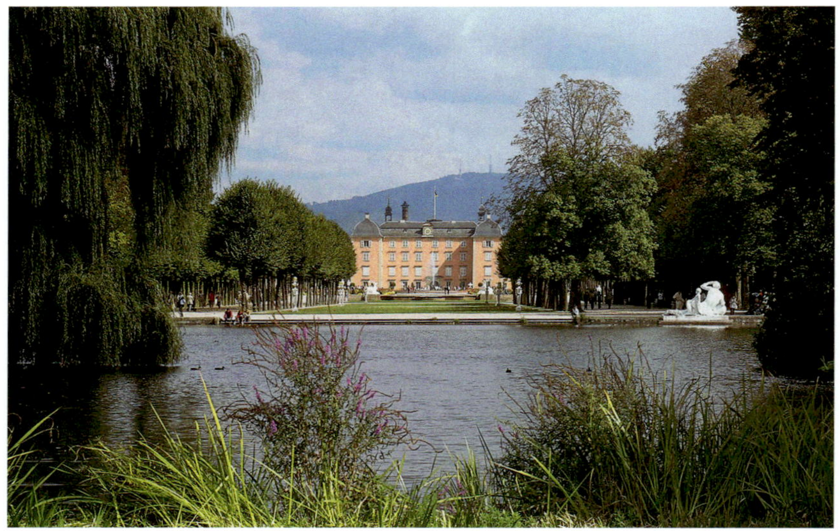

Blick über den Großen Weiher zum Schloss

Mühen für sich und die Seinen in den Stunden der Muße geschaffen. Dies Denkmal setzte er 1771".

Die Alleen und der Große Weiher

Die gesamte Boskettzone ist nach außen von einer „Allée en terrasse" (36), einer erhöht angelegten Allee zum Spazierengehen, umschlossen. Von dort aus konnte die höfische Gesellschaft das Treiben in den Bosketten beobachten. Die Allee wurde 1764 begonnen und parallel mit den Bosketten fortgeführt. Die dabei verwendete Rosskastanie ist ursprünglich im Balkan beheimatet. Sie wurde 1576 von Konstantinopel stammend in Wien eingeführt, gelangte 1699 über Frankreich nach Deutschland und

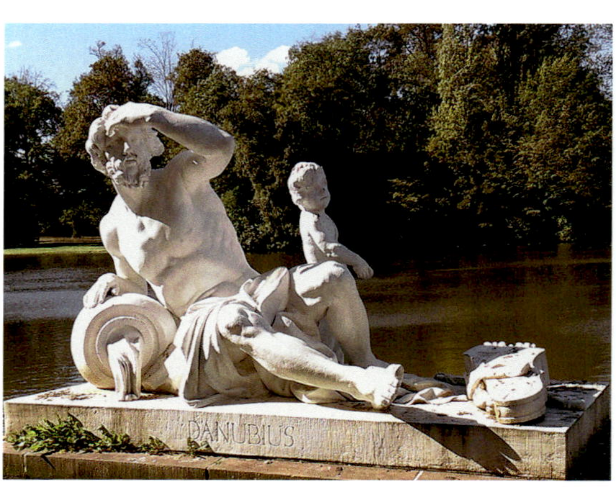

Flussgott Donau

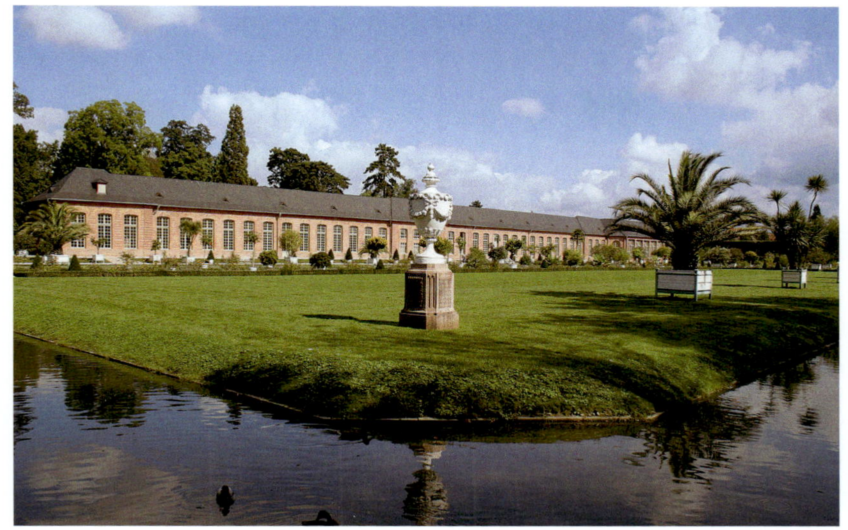

Neue Orangerie mit Orangeriegarten

avancierte in der ersten Hälfte des 18. Jahrhunderts zu einem barocken Modebaum schlechthin.

Der am Ende der Boskettzone gelegene Große Weiher (79) war ursprünglich als ein großes rechteckiges Bassin angelegt. Bis zum Jahr 1775 wurde an der Einfassung des Bassins und den Sockeln für die am Becken platzierten Flussgottfiguren „Rhein“ und „Donau“ (80) gebaut. Johann Michael Zeyher wandelte dieses 1823/24 in einen Weiher mit geschwungener Uferlinie um und entfernte die rahmenden Alleen.

Die neue Orangerie

Schon wenige Jahre nach der Fertigstellung der beiden zur Überwinterung von Kübelpflanzen errichteten Zirkelgebäude beauftragte Kurfürst Carl Theodor 1761 Nicolas de Pigage mit dem Bau einer weiteren Orangerie. So entstand nordwestlich des Kreisparterres die neue Orangerie (23) mit einem großen Orangeriegarten (55).

Das 171 Meter lange, nach Süden orientierte Gebäude ist symmetrisch angelegt. Die Putzflächen sind in Freskotechnik bemalt. Das Dekor täuscht ein Mauerwerk vor. Auf der gesamten Länge der Südfassade befinden sich große Fenster, die oben von flachen Segmentbögen abgeschlossen werden und schon von außen die beeindru-

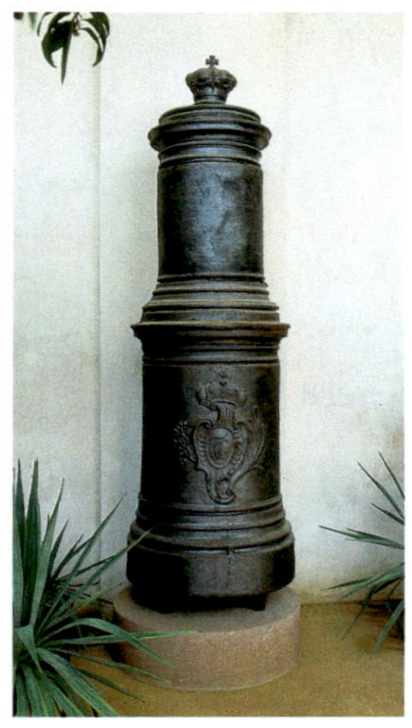

Gusseiserner Heizofen in der Orangerie

ckende Höhe des Innenraums anzeigen. Dank der großflächigen Fenster können die überwinternden Pflanzen von der Sonneneinstrahlung profitieren.

Die Orangerie wurde im Winter ursprünglich mit 14 gusseisernen Öfen beheizt. Einer davon ist erhalten und an dem Monogramm 'CT' (= Carl Theodor) als bauzeitliche Ausstattung erkennbar. Im Ost- und Westflügel befinden sich aus der Entstehungszeit zudem zwei große Sandsteintröge, aus denen das Gießwasser geschöpft wurde. Das 1770 an das Ostende der Orangerie angebaute Glashaus zeichnet sich durch die für damalige Verhältnisse riesige Fensterfläche aus. Hier ist auch noch der originale Lehmstampfboden zu sehen, der ursprünglich im ganzen Gebäude vorhanden war. Durch die Schrägstellung der Fenster erwärmte sich der Innenraum besonders schnell und war damit zur Anzucht von Pflanzen ideal.

Heute überwintern in der Osthälfte der Orangerie die Kübelpflanzen. Im mittleren Teil ist eine sehenswerte Ausstellung zur Geschichte der Orangerien untergebracht. Im Westflügel befindet sich ein Lapidarium mit den Originalskulpturen des Schlossgartens, da diese unter freiem Himmel durch Kopien ersetzt wurden.

Lapidarium in der neuen Orangerie

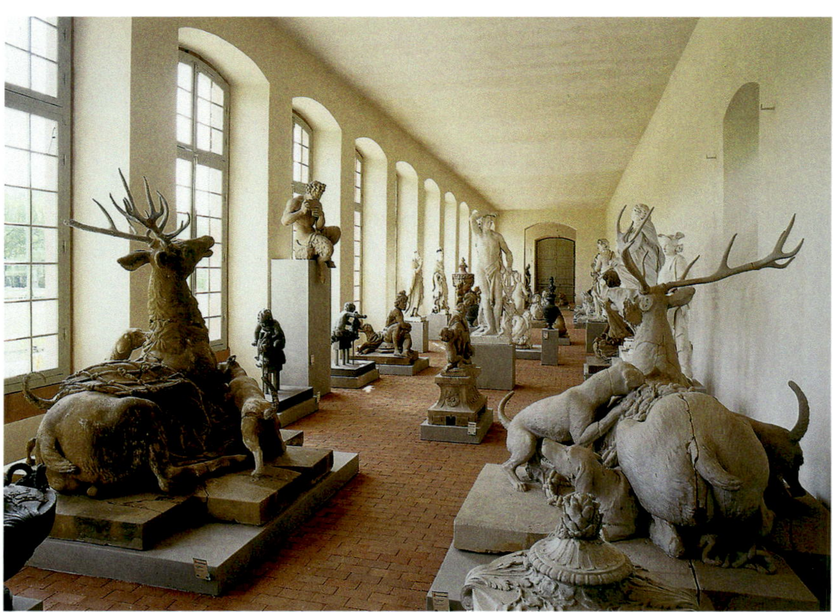

Lapidarium

Aus der Entstehungszeit des Schwetzinger Schlossgartens ist fast der gesamte Figurenschmuck mit rund 300 Ausstattungsstücken erhalten. Nahezu alle Skulpturen im Garten wurden zwischen 1965 und 1995 durch Kopien ersetzt. Nach der behutsamen Restaurierung der Orangerie wurde mit den wichtigsten Originalen ein öffentlich zugängliches Lapidarium eingerichtet.

Als ob sich die steinernen „Bewohner" des Schlossgartens zu einem Treffen eingefunden hätten, erwartet den Besucher der Orangerie ein spannungsvoller, faszinierender Raum, wie geschaffen für ein Studium der Skulptur des 18. Jahrhunderts. Hier befinden sich Tiere, Fabelwesen und mythologische Figuren. Größenverhältnisse, Materialien und künstlerische Techniken der einzelnen Künstler lassen sich, ebenso wie die Restaurierungsspuren, aus nächster Nähe betrachten und miteinander vergleichen.

Der Orangeriegarten dient heute wie zu Carl Theodors Zeiten zur Aufstellung der kostbaren Kübelpflanzen. Der symmetrisch auf das Orangeriegebäude bezogene, wie eine Insel von einem Kanal umgebene Garten eignet sich vortrefflich für die Aufstellung südländischer Gewächse: Der Platz ist tiefer gelegt und durch Hecken windgeschützt. Der ringsum verlaufende Kanal liefert das Gießwasser für die schnell austrocknenden Kübelpflanzen.

Apollotempel mit Naturtheater

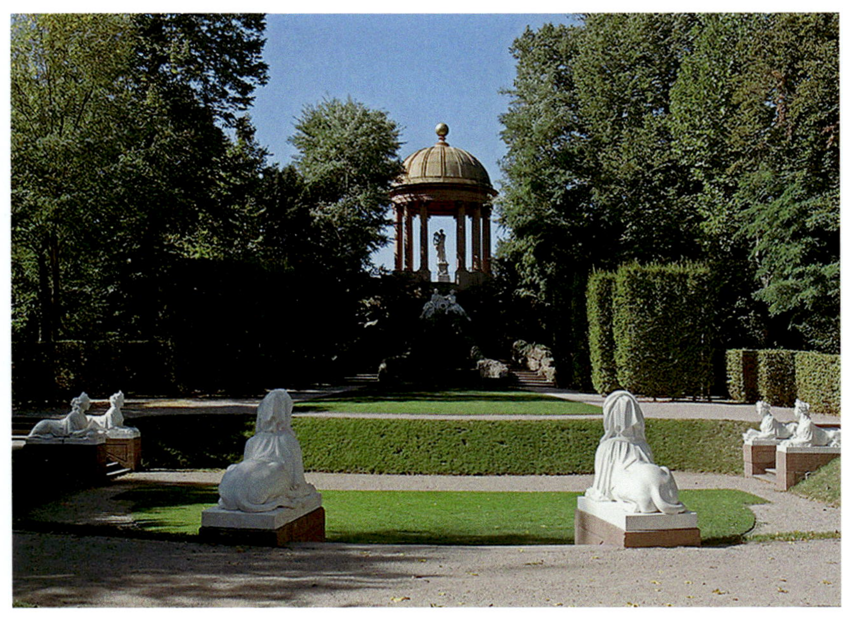

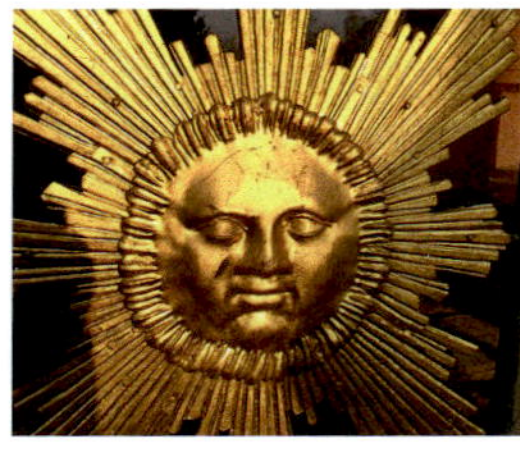

Sonnensymbol am Relief des Apollotempels

Das Naturtheater und der Apollotempel

Das westlich vom Orangeriegarten liegende Naturtheater (58) mit dem Apollotempel (61) und die noch verborgene Badhausanlage bilden einen komplexen, durch Wege und Blickachsen miteinander verknüpften Mikrokosmos.

Das Naturtheater von Nicolas de Pigage (1762) ist eines der wenigen in Deutschland erhaltenen barocken Gartentheater überhaupt, das mit seiner Dreizonigkeit im Grundriss dem antiken Vorbild des römischen Architekturtheoretikers Vitruv folgt. Auch der berühmte französische Gartenkünstler André Le Nôtre schuf in den Tuilerien in Paris ein ähnlich aufgebautes Heckentheater. Die seit dem 19. Jahrhundert vernachlässigte Anlage wurde behutsam regeneriert. Im Museum für historische Gartengeräte sind Reste der beiden aus Holzgitterwerk gefertigten Proszenien – Vorbühnen – zu besichtigen. Sechs Sphingen (59) bewachen den tiefer gelegenen Zuschauerraum. Die leicht ansteigende Bühne wird von Heckenkulissen gerahmt.

Dahinter erhebt sich über einem breiten Kaskadenbrunnen (60) der auf künstlichen Felsen stehende Apollotempel (61) (Peter Anton von Verschaffelt, vor 1773). Der

Lyra spielender Apoll

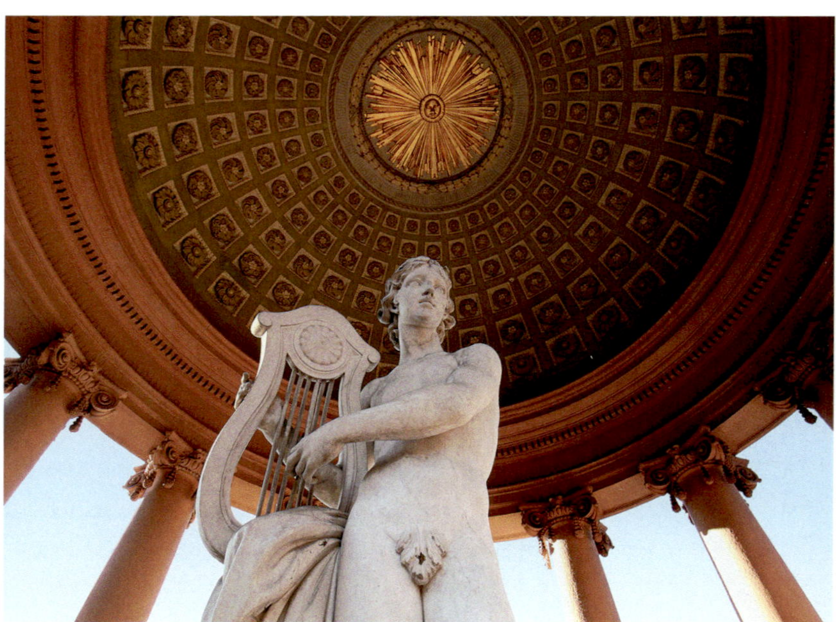

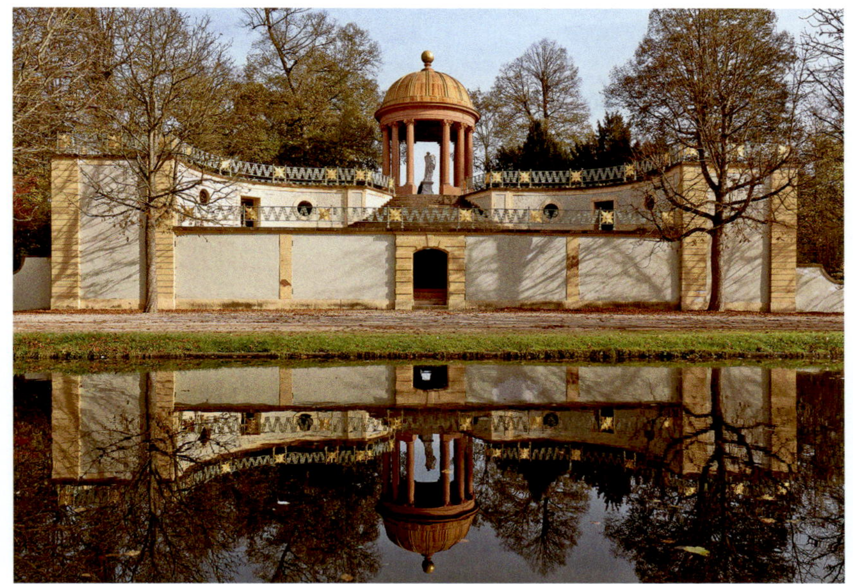

Apollotempel von Westen mit Apollokanal

mit zwölf ionischen Säulen umgebene kleine Tempel bildet einen idealen Bühnenprospekt. Apoll erscheint als Musenführer und Gott der Künste. Das dargestellte Spiel der Lyra mit der linken Hand könnte auf den Streit mit Marsyas verweisen, der anders als Apoll sein Instrument, den Aulos, nicht verkehrt anspielen konnte.
Die Quelle Hippokrene, durch einen Hufschlag des Pegasus entstanden, wird durch zwei Najaden – Quellnymphen – als Inspiration an die im Theaterraum weilenden Menschen weitergegeben. Treppen führen links und rechts der Kaskade hinauf, doch der Tempel ist nur über ein verzweigtes Netz von unregelmäßigen Treppenstufen oder über die grottenähnlichen Gänge im Unterbau zu erreichen. Hier fanden zur Zeit des Kurfürsten Theateraufführungen und Konzerte statt, bei denen der Apollotempel eine eindrucksvolle dreidimensionale Kulisse abgab.

Während er nach Osten hin auf einem felsigen Berg zu stehen scheint, entpuppt sich der Unterbau nach Westen als mehrstufiger Altan, ein erdverbundener Balkon, auf dessen höchster Ebene der eigentliche Tempel steht. Das mit Sonnensymbolen verzierte Geländer in Form von vergoldeten Reliefs stellt Apoll nun als Gott des Lichtes und der Ordnung vor. Dies geht mit dem Deckenbild des

Badhauses „Aurora vertreibt die Nacht" und den Darstellungen des Nachthimmels in der Moschee wiederum eine ganz eigene Verbindung ein.

Die Anlage kann als Weg des Menschen durch Unwissenheit und Chaos, angedeutet durch die dunklen und verwirrenden Gänge des Unterbaus, hin zu Vernunft und Weisheit, symbolisiert durch den lichtdurchfluteten Tempel des Apollo, interpretiert werden. Der Sonnengott Apoll verweist aber auch auf den nebenan im Badhaus residierenden Herrscher.

Die Badhausanlage

Nach Norden schließt sich die Badhausanlage an, erbaut von Nicolas de Pigage zwischen 1768 und 1772. Hier ließ sich Kurfürst Carl Theodor einen „Garten im Garten" anlegen, der – durch Gitter, Mauern und Hecken abgetrennt – nur ihm und ausgewählten Personen zugänglich war. Den Besucher erwartet hier eine kleinteilige Abfolge von Innen- und Außenräumen voller Überraschungen, ein Gesamtkunstwerk, bei dem Architektur, Skulptur, Malerei und Gartenkunst aufeinander abgestimmt sind und sich ergänzen.

An einer Längsachse liegen aufgereiht die Grotte mit Wildschwein (64) (Barthélemy Guibal zugeschrieben, erste Hälfte 18. Jahrhundert, wahrscheinlich aus dem Garten

Badhaus Ostansicht

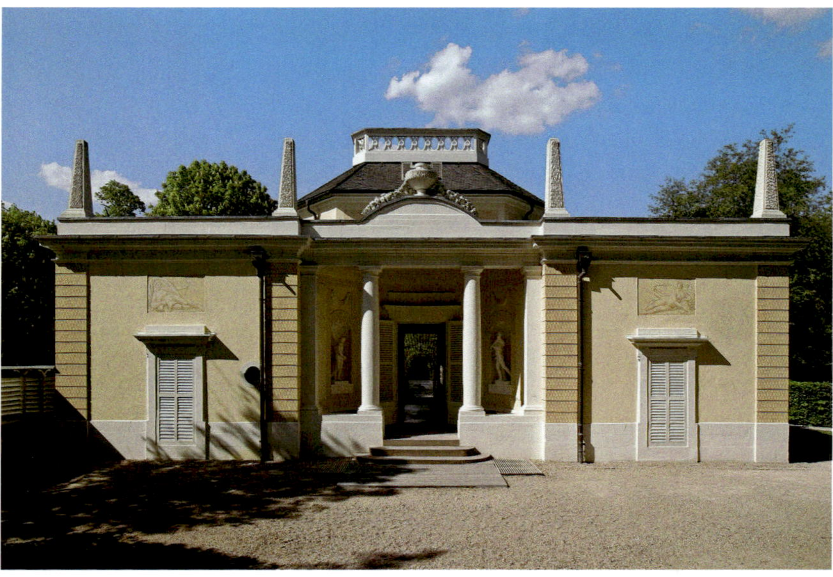

von Schloss Lunéville), das eingeschossige Badhaus (68), die ovale Brunnenanlage der „Wasserspeienden Vögel" (69) und der Pavillon (71) mit dem sogenannten „Perspektiv" (72).

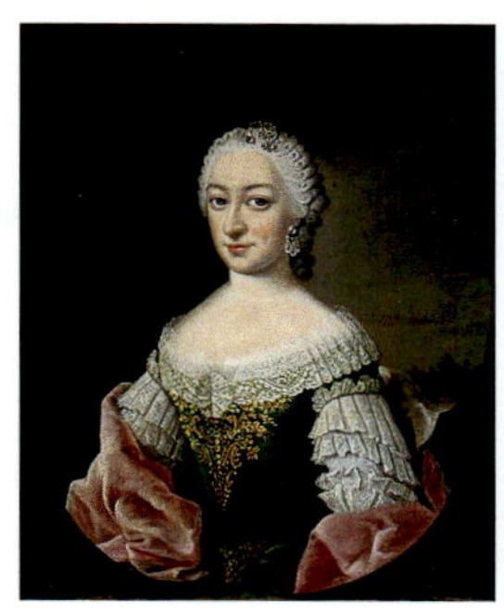

Johann Georg Ziesenis: Hofdame Amoena, Freiin von Sturmfeder, um 1745

Die Bezeichnung Badhaus trifft nur teilweise den Zweck des kleinen, eingeschossigen Lustschlosses. Wir wissen nicht einmal mit Sicherheit, ob der Kurfürst das große marmorne Wasserbecken – von dem der Name stammt – je selbst benutzt hat. Überliefert ist vielmehr, dass er hier mit auserwählten Gästen in kleinem Kreis diskutierte und musizierte. So erinnert sich der Musiker Christian Daniel Schubart an einen Besuch beim Kurfürsten im Jahr 1773: „Er befand sich, seiner Gewohnheit nach, im Badhause, einem im schwetzingischen Garten gelegenen liegenden zwar kleinen, aber ungemein geschmackvollen Gebäude, die Prinzen Gallian und Ysenburg, die Frau von Sturmfeder und noch ein paar Kavaliers waren bei ihm. Er hatte beinah allen Glanz, jede Miene der zweifelnden Hoheit – nach Klopstocks Ausdruck – abgelegt und schien nur guter Mensch und liebenswürdiger Gesellschafter zu seyn." Schubart berichtet weiter, der Kurfürst habe selbst auf der Flöte gespielt, mit den Anwesenden zusammen musiziert und über Literatur und Kunst gesprochen.

Das Badhaus verwischt mit seiner raffinierten Innenaufteilung die Grenze zwischen außen und innen. Die halbrunden, konkaven Vorräume und der ovale, quergelegte Empfangsraum reduzieren das Badhaus innerhalb der Längsachse zu einer kurzen Etappe innerhalb unterschiedlicher Freiräume. Das ovale Deckengemälde im Empfangsraum zeigt die Szene „Aurora vertreibt die Nacht" (Nicolas Guibal, zwischen 1768 und 1775). Es täuscht den Blick durch einen oben offenen Raum in den Himmel vor. Durch die mit Stuckmarmor kunstvoll geschmückten Vorräume gelangt man im Osten in das Arbeitszimmer Carl Theodors. Dort sind Spiegel und Wandvertäfelungen mit Landschaftsbildern (Ferdinand Kobell, um 1775) angebracht, die die von den Wänden vorgegebenen Grenzen aufheben. Eine große Nische im Zimmer wird von zwei Marmorsäulen korinthischer Ordnung gerahmt. Das gegenüberliegende, vom gleichen Vorraum erschlossene Tee-

Wilhelm Schweitzer: Grundriss des Badhauses, um 1930

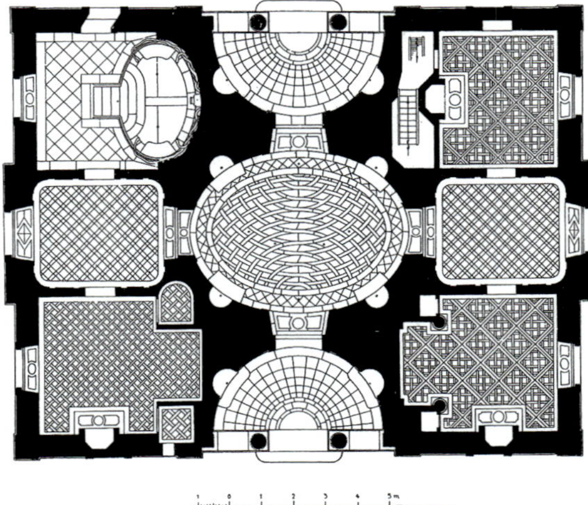

zimmer ist mit einer kostbaren chinesischen Papiertapete dekoriert.

Ein Schlaf- oder Ruhezimmer und ein Badezimmer mit einem großen, über Stufen begehbaren Wasserbecken vervollständigen das Raumangebot im Westen. Das Badezimmer ist aufwendig mit Stuckreliefs dekoriert, die Was-

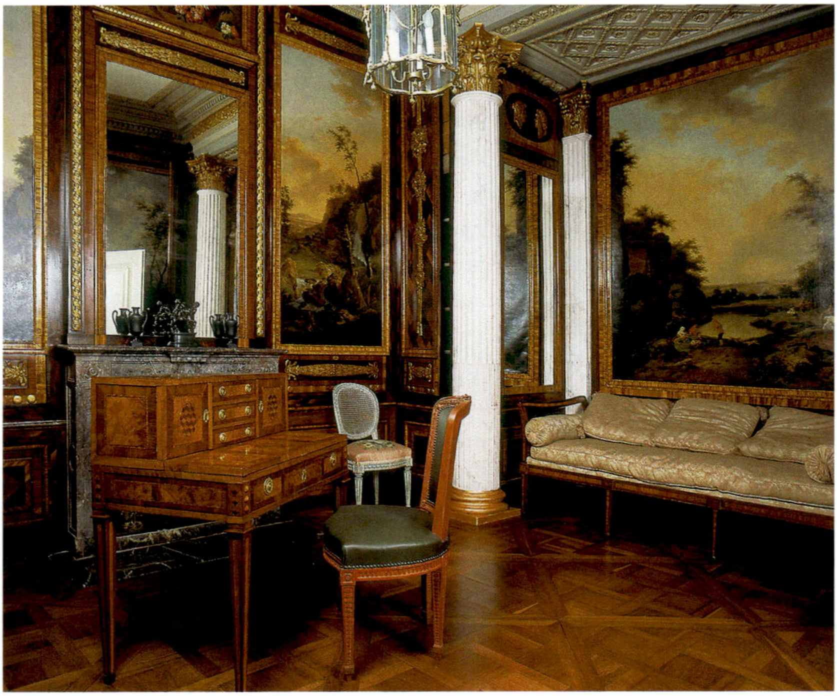

Arbeitszimmer im Badhaus mit Gemälden von Ferdinand Kobell

serträgerinnen zeigen. Vorlagen für diese Reliefs waren die heute im Louvre verwahrten Arbeiten des Bildhauers Jean Goujon für die „Fontaine des Innocents“ in Paris aus dem 16. Jahrhundert. Das eindrucksvolle ovale Wasserbecken aus Marmor füllt fast die Hälfte des Raumes aus. Über die als Schlangenköpfe geformten Wasserhähne konnte heißes und kaltes Wasser in das Becken gelassen werden.

Von den als Greifen ausgebildeten bronzenen Konsolhaltern im Ovalsaal über die klassizistische Möblierung der Nebenräume bis hin zu den Wasserhähnen im Baderaum sind alle Elemente von erstklassiger künstlerischer Qualität. An der Ausstattung waren die Bildhauer Peter Anton von Verschaffelt (1710–1793) und Konrad Linck (1730–1793), die Maler Ferdinand Kobell (1740–1799) und Nicolas Guibal (1725–1784), der Stuckateur Joseph Anton Pozzi (1732–1811) und die Kabinettschreiner Franz Zeller und Jacob Kieser beteiligt. Deren Werke sind eingefügt in ein großes Ganzes, ein Raumkunstwerk, dessen Schöpfer Nicolas de Pigage ist. Das Charakteristische seines Schaffens ist das raffinierte System echter und vorgetäuschter Elemente: Echter Marmor und Stuckmarmor, Tropfenreliefs und Reliefs

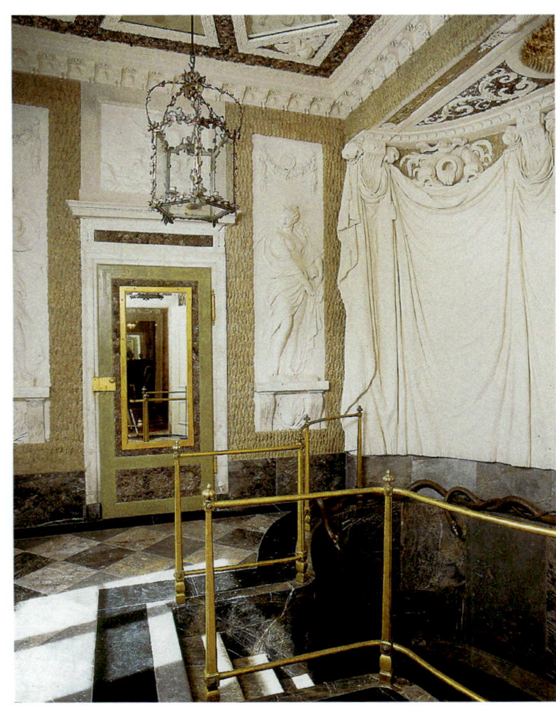

Badezimmer

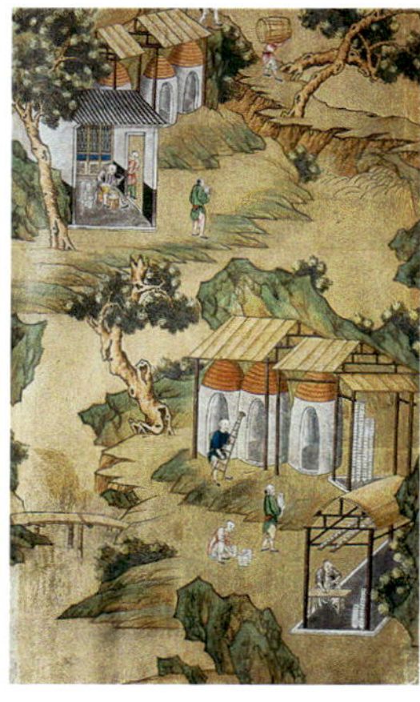

Chinesische Papiertapete im Teezimmer

vortäuschende Malereien, bronzene Elemente und bronzierter Stuck – ständig ist das Urteil des Betrachters gefragt und immer behauptet das „Falsche“ einen Eigenwert gegenüber dem „Echten“. Dieses Spiel wird auch im Außenraum weitergeführt.

Das Badhaus ist eine der letzten erhaltenen privaten Badeanlagen des Barock. Es ist im ursprünglichen Kontext eines raffiniert inszenierten Mikrokosmos erlebbar. Der Bau selbst ist einzigartig und zeigt auch im Detail das Avantgardistische in de Pigages Architektur. So setzt er anstelle des üblichen vorgesetzten Tempelvorbaus auf Säulen, des Portikus, eine mit Säulen versehene und mit Antikenkopien ausgestattete Nische als Eingang, was später in Paris zu einem Leitmotiv des frühen Klassizismus werden sollte. Das Gebäude stellt mit der archivalisch belegten Ausstattung und seinem baulichen Maßstab gleichsam einen Wendepunkt in der Kultur der höfischen Sommerresidenz dar. Die explizit dargestellte Ausschließlichkeit einer privaten Nutzung im modernen Sinne ist ein absolutes Novum innerhalb der höfischen Baukultur.

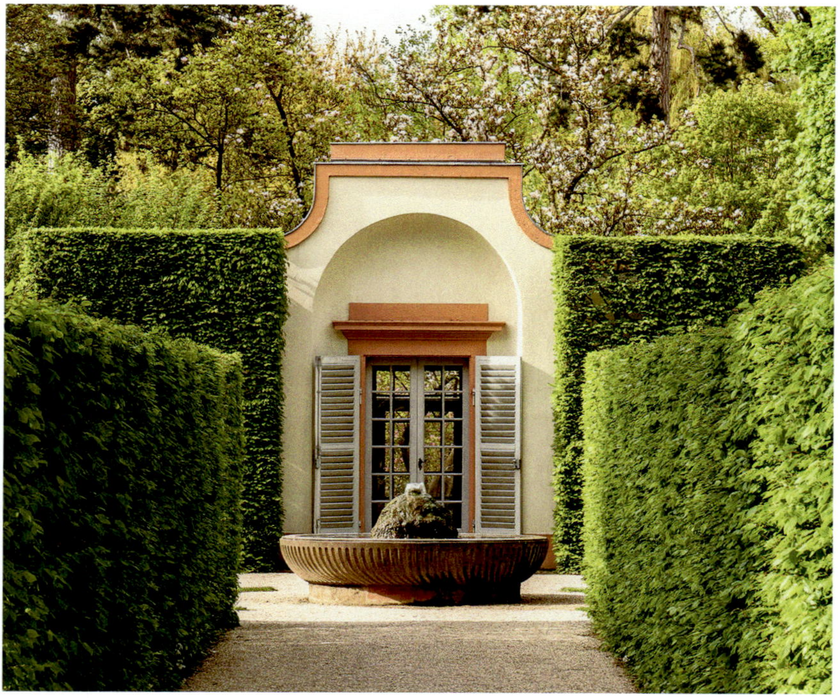

Porzellanhaus

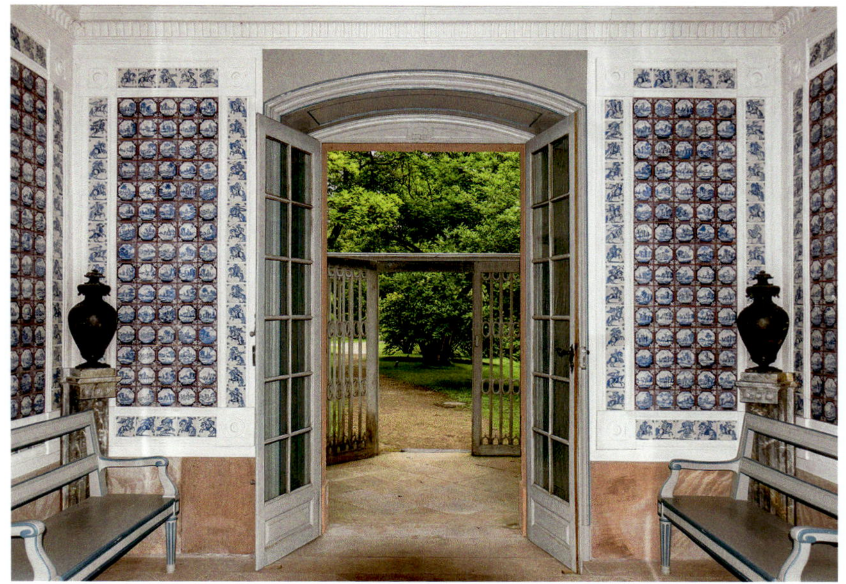

Porzellanhaus innen

Das Porzellanhaus

Das zwischen 1762 und 1764 von Nicolas de Pigage erbaute Porzellanhäuschen (66) bildet den nördlichen Abschluss der Querachse des Naturtheaters und damit die architektonische Entsprechung zum Neptunwandbrunnen an deren südlichem Anfang. Zwischen einem Sandsteinsockel und einem Knickgiebel, der sich der Dachform anpasst, öffnet sich in einer glatt verputzten Rundbogennische eine zweiflügelige Glastür zu einem quadratischen Innenraum, dessen Wände vollständig mit Delfter Fayence-Kacheln verkleidet sind. Sie zeigen Motive holländischer Landschaften und Reiterfiguren und stammen aus dem Speisesaal der alten Orangerie unter Kurfürst Carl Philipp, die 1753 abgebrochen wurde. Die Ecken des Raumes werden durch Bleivasen auf Marmorpostamenten akzentuiert. Der Pavillon wurde als kühler Sommerspeisesaal genutzt und setzt damit eine Bautradition von mit Fayencen ausgestatteten Kabinetten fort, die in Schloss Oranienbaum bei Dessau-Wörlitz in Sachsen-Anhalt 1683 erstmals belegt ist.

Die in der Ostaussicht des Badhauses gelegene Rasenfläche vor dem Porzellankabinett wurde 1776 mit einem weiteren Wasserspiel versehen, einer Glockenfontäne (65), wel-

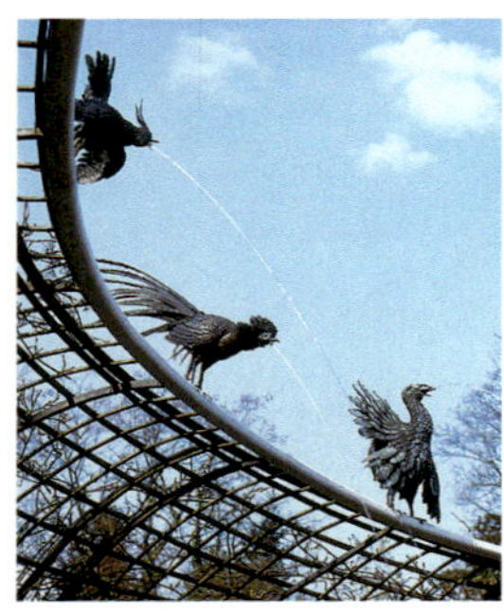

Detail der wasserspeienden Vögel

che sich aus dem Überlaufwasser der Kaskade im Naturtheater speist. Zwei Puttengruppen der sogenannten „Bacchuskinder" schmücken den Gartenraum, an dessen Kopfseiten Büsten nach antiken Vorlagen auf Sandsteinpostamenten stehen.

Der Brunnen der „Wasserspeienden Vögel" und das Perspektiv

Verlässt man das Badhaus nach Norden, so stößt man auf den Brunnen der wasserspeienden Vögel (69). Innerhalb einer aufwendigen Architektur aus Lattenwerk ist um ein ovales Wasserbecken ein nach innen offener Laubengang angelegt, von dem metallene Vögel verschiedener Größe und Art Wasser auf einen in der Mitte des Beckens sitzenden Uhu speien, dessen Fänge einen Fasan festhalten. Diese Szene illustriert mittelbar eine Fabel des antiken Dichters Äsop, auf die der griechische Philosoph Dion Chrysostomos in seiner Rede an die Elier hinweist. In dem Bild der Eule, die vor den Tücken der Vogelfänger warnt und gleichzeitig unfreiwillig als Lockvogel dient, problematisiert dieser das Thema der Begrenztheit der Erkenntnismöglichkeit und der Aufklärung.

Brunnenanlage der wasserspeienden Vögel

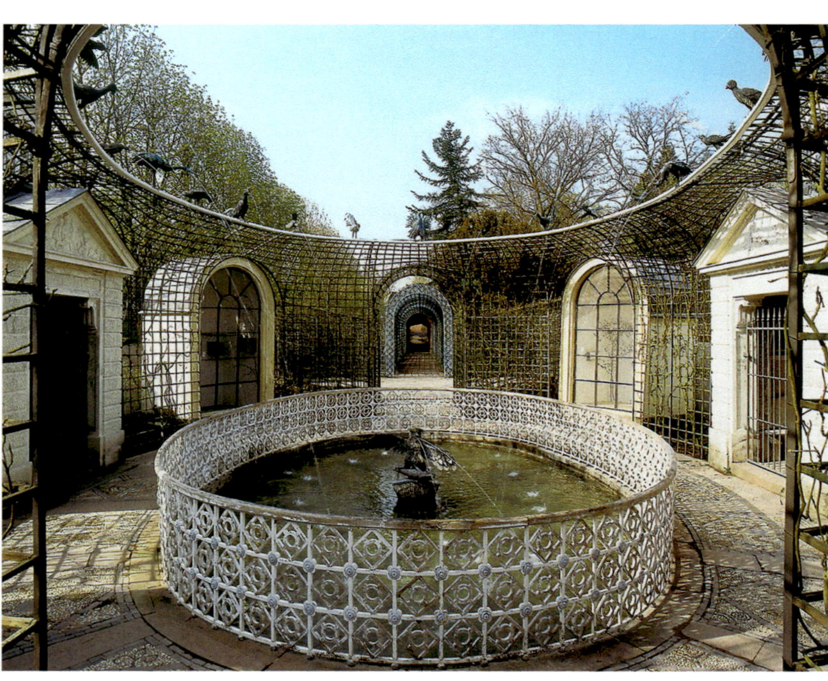

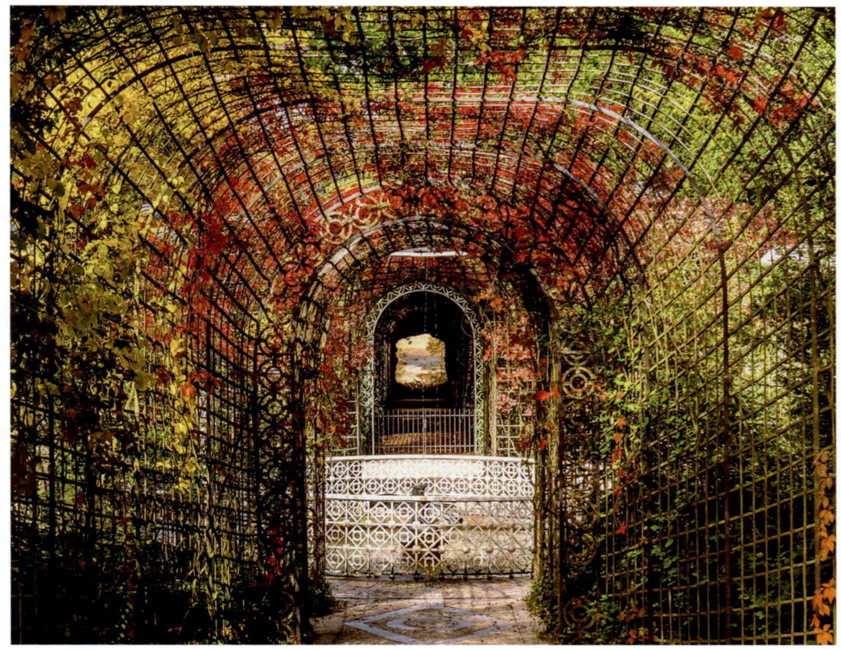

Blick durch den Laubengang auf das Perspektiv

Die Figurengruppe wurde, wie der Arionbrunnen, aus dem Nachlass von Stanislaus Leszczynski, Herzog von Lothringen, erworben und stellt einen anspruchsvoll verschlüsselten Verweis auf das einzigartige, heute nicht mehr erhaltene Labyrinth von Schloss Versailles dar. Wie jüngste Forschungen zeigen, verarbeitet de Pigage hier drei verschiedene Motive der einst dort an den Labyrinth-Ausgängen platzierten Brunnen zu einer sehr eigenständigen Komposition. Er übersetzt diese Bezüge in eine ästhetische Erfahrung, wobei der vermeintliche Ausblick auf die stille Landschaft am Ende des sogenannten Perspektivs (72) als Gegenwelt aufgebaut wird.

Um das Becken herum sind zwei kleine, zum ovalen Brunnenbecken hin offene Pavillons mit aufwendig verzierten Ruhekabinetten sowie vier Vogelvolieren gruppiert. Die Wände und Decken der Kabinette sind mit Glaskugeln, Halbedelsteinen und bronzierten Bleireliefs reich geschmückt. Der halbrunde Treillagegang wird von den Wasserstrahlen der Vögel zur Mitte hin vervollständigt. Die echten Vögel in den Volieren ergänzen durch ihren Gesang die künstliche Szenerie und unterscheiden damit die Schwetzinger Anlage von all ihren Vorbildern.

Perspektiv: „Das Ende der Welt“

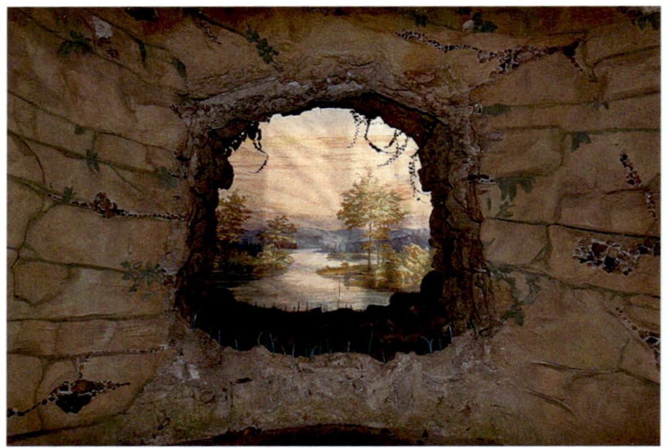

Mit Lattenwerk gefasste Querwege führen zu kleinen Aussichtsplattformen, die den Blick auf die umliegenden Teile des Gartens freigeben.

Von den wasserspeienden Vögeln gelangt man über einen Hof zu einem langgestreckten Laubengang, dem „Ende der Welt“. Dort befindet sich ein Pavillon (71) mit dem sogenannten „Perspektiv“ (72): einer Trompe-l'oeil-Malerei („Augentäuscherei“), die einen Ausblick durch eine mit Halbedelsteinen und Muscheln verzierte Grotte in die freie Landschaft suggeriert. Auf ihrer Rückseite führt eine Öffnung ins Freie, wo auf einer leicht konkaven Wand in Freskotechnik ein Landschaftsbild gemalt ist. Die Szene entspricht der naturräumlichen Situation der Residenz Mannheim an der Einmündung des Neckars in den Rhein, die tatsächlich in der Verlängerung des gemalten Bildes liegt. Die noch junge Hauptresidenz wurde – so eine Deutungsmöglichkeit – in einem Elysium, einer Insel der Seligen nach antiker Vorstellung, gegründet, das sie gleichsam legitimiert und adelt.

Von der Menagerie zum Arboretum

Höfische Tierparks wurden über das Vorbild Versailles fester Bestandteil barocker Gartenprogramme. In Schwetzingen entstand zwischen 1763 und 1767 nördlich des Naturtheaters eine solche Anlage, die von Mauern umschlossen war. Um ein zentrales Bassin gruppierten sich die Gehege, in denen vor allem Geflügel gehalten wurde. An der Westseite schloss sich ein Fasanenhof an, der heute noch in der baulichen Grundstruktur vorhanden ist. Ein Versuch, auch Gemsen anzusiedeln, scheiterte. 1778 wurde die Menagerie

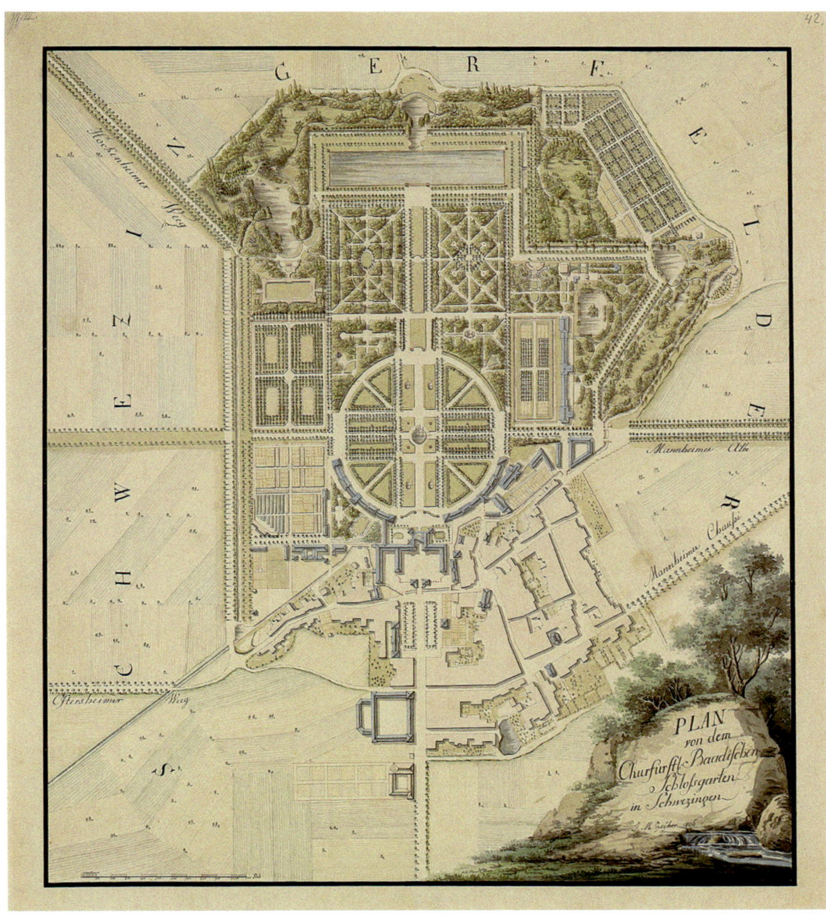

Johann Michael Zeyher: „Plan von dem Churfürstl. = Baadischen Schloßgarten in Schwezingen", 1806

aufgegeben, ab 1784 wurde ein Teil des Geländes als Mutterschule zur Vermehrung seltener Gehölze genutzt.

Der badische Markgraf Carl Friedrich, der selbst botanisch interessiert war, erteilte 1804 dem neu ernannten Hofgärtner Johann Michael Zeyher den Auftrag, zum Nutzen der Wissenschaft einen forstbotanischen Garten anzulegen. Der Gartendirektor ließ dafür einige Menageriegebäude abreißen und eine Vielzahl von Bäumen und Sträuchern pflanzen. Die Bestandsliste von 1809 zählte 827 Gehölzarten und -sorten, von denen viele mehrfach vorhanden waren. Entlang der südlichen Umfassungsmauer kultivierte Zeyher außerdem eine Sammlung von Alpenpflanzen.
Die ästhetische Wirkung der landschaftlich motivierten Gestaltung war – durchaus typisch für eine Gehölzsammlung des 19. Jahrhunderts – weniger entscheidend als die

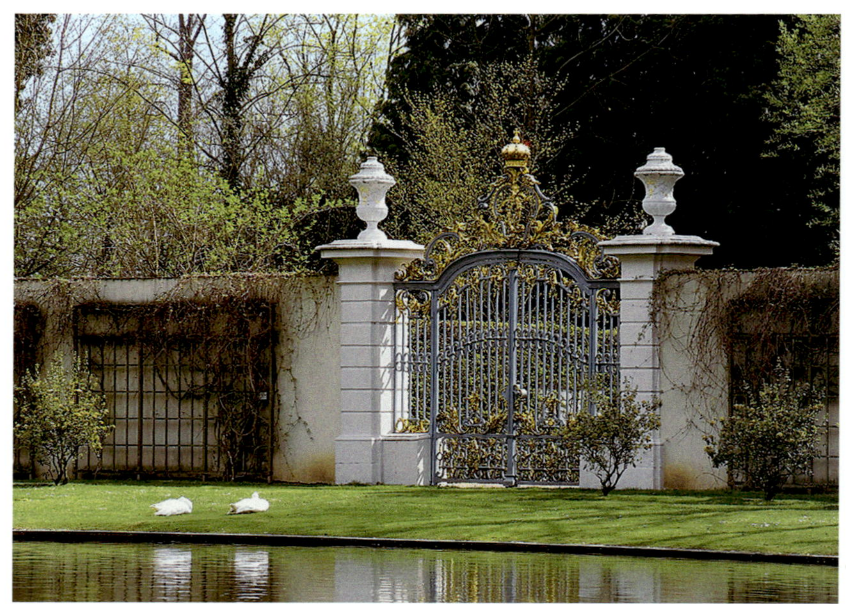

Prachttor zum Arboretum nach einem Entwurf von Franz Wilhelm Rabaliatti

Reichhaltigkeit des oft systematisch nach Familien angelegten Bestandes. Eine bald notwendige Auslichtung der Gehölze ermöglichte die Entwicklung eines beeindruckenden Altbaumbestandes. Heute präsentiert sich das Arboretum (73) mit einem nach historischen Pflanzenlisten ergänzten Arteninventar, das noch einige wenige Altbäume aus Zeyhers Erstpflanzung enthält. Das Arboretum schließt eine Entwicklung des Schwetzinger Schlossgartens im 19. Jahrhundert ab, die in den 1770er Jahren mit der Anlage der englischen Partien begonnen hatte.

ENGLISCHE PARTIEN – DIE BILDER DES FRIEDRICH LUDWIG VON SCKELL

Um den barocken Garten von Petri und de Pigage legte zunehmend federführend der junge Friedrich Ludwig von Sckell ab 1777 einen Gürtel von landschaftlichen Partien. So begegnet die späte Phase des formalen Gartens dem Frühwerk eines bedeutenden Gartenkünstlers im damals modernen, sogenannten natürlichen Stil. Dabei gelang es von Sckell, die gegensätzlichen Sphären zu einer fein abgestimmten, neuartigen Synthese zu vereinen, was in Kombination mit der reichen Ausstattung an Bauwerken den

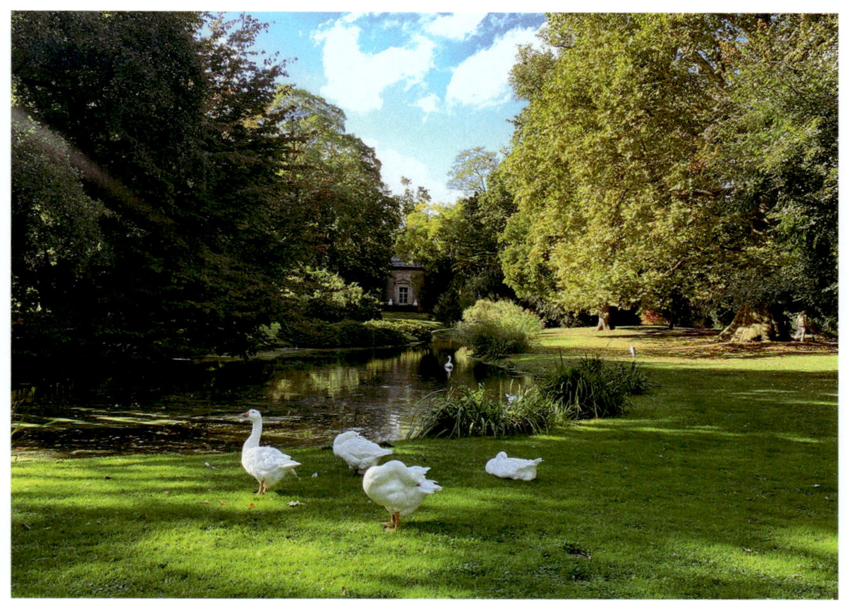

Arborium Theodoricum mit Blick zum Tempel der Botanik

Schlossgarten zu einem einmaligen Gesamtkunstwerk macht. Nirgendwo sonst ist der Wechsel in der Natur- und Kunstauffassung so anschaulich zu erleben wie in Schwetzingen. In England entwickelte sich Anfang des 18. Jahrhunderts in bewusster Abkehr vom Absolutismus französischer Prägung ein von der Natur ausgehendes Gartenverständnis, in dem in der Anfangszeit auch liberales Gedankengut symbolisch zum Ausdruck gebracht werden sollte. Die gestalterischen Prinzipien dafür wurden aus Landschaftsbildern und -gemälden abgeleitet. In der zweiten Hälfte des 18. Jahrhunderts entstanden in Deutschland die ersten Landschaftsgärten nach englischem Vorbild. Mit den Gärten in Schwöbber, Lucklum, Gotha, Wörlitz, Hohenzieritz, Richmond bei Braunschweig, Weimar und Hohenheim gehören die Partien in Schwetzingen zu den frühesten Anlagen im neuen Stil.

Das Arborium Theodoricum

Nach der Rückkehr von einer Studienreise nach Frankreich und England pflanzte Friedrich Ludwig von Sckell 1777 auf einem von Kanälen umschlossenen Gartenbereich das Arborium Theodoricum (74) („Baumgarten Carl Theodors“). Die Botanik wurde immer mehr zu einem angemessenen Tätigkeitsfeld für die gebildeten Stände. In Wörlitz, Kassel, Potsdam und Hohenheim entstanden vergleichbare Gehölzsammlungen. Die Schwetzinger Anlage diente darüber hinaus der Aus- und Fortbildung von Gärtnern und Forstbediensteten und war öffentlich zugänglich.

Der beengte Raum der Insellage bot wenig Platz für weitläufige Prospekte. „Der Werth eines Naturgartens liegt nicht in seinem ausgedehnten Umfange, sondern in seinem innern Kunstwerthe, in seinen schönen Formen und Bildern", formulierte von Sckell Jahre später programmatisch. Dem jungen Gartenkünstler gelang es, den Nachteil des schmalen Grundstücks zu überspielen, indem er ein Wiesental mit bewegter Bodenmodellierung und Waldsaum anlegte, ein Motiv, das ihn seine gesamte künstlerische Laufbahn hindurch begleiten sollte. Am nordwestlichen Ende öffnet sich das Tal und bietet verschiedene Sichten auf zwei kunstvoll in Szene gesetzte Bauwerke: den Tempel der Botanik (77) und das Römische Wasserkastell mit Aquädukt (75) und vorgelagertem Spiegelweiher (78). Von Sckell trennte die Bildgründe durch Pflanzungen so geschickt, dass die unmittelbare Nachbarschaft der beiden Gebäude dem Betrachter erst auffällt, wenn er sich kurz davor befindet. Christian Cay Lorenz Hirschfeld (1742–

Tempel der Botanik

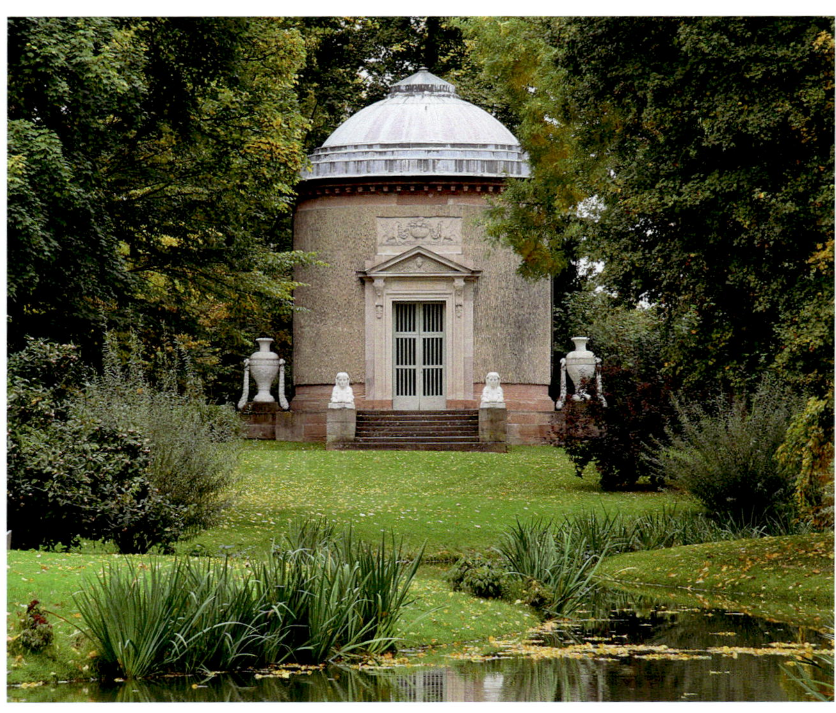

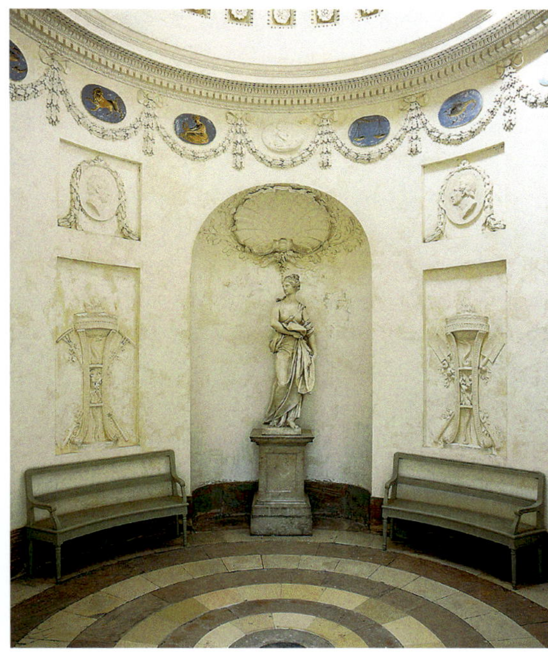

Skulptur der Fruchtbarkeitsgöttin Ceres im Tempel der Botanik

1792), der berühmte deutsche Gartentheoretiker, war beeindruckt von dieser „guten und schicklichen“ Anlage.

Geländerelief und Bepflanzung bestimmen die geschwungene Wegeführung und den Wechsel von Bildfolgen, die beim Durchschreiten dieses Gartenteils erlebt werden. „Der Fuß soll niemals dem Weg folgen, den das Auge zuvor gegangen ist“, besagt eine grundlegende Gestaltungsregel. Der Blick wird geschickt ins Garteninnere gelenkt, die Sicht auf den geraden Grenzkanal verhindern Randpflanzungen. Ausblicke in die umgebende Landschaft sind nur durch die Bögen des Aquäduktes möglich.

Der Tempel der Botanik (77) steht im Blickpunkt der mittleren Durchsicht des Wiesentälchens (74) und bildet mit vorgelagertem Teich (78) und Bachlauf eine reizvolle Szenerie, in welche die Spiegelung des Tempels bewusst einbezogen ist. Der Tempel, 1778 von Nicolas de Pigage errichtet, ist ein mit imitierter Eichenborke überzogener Rundbau. Zwei Sphingen (Konrad Linck, 1778) flankieren die Treppe, die zum Eingang führt. Im Inneren befinden sich zwei Schmuckvasen von Konrad Linck (1778) und eine Marmorfigur der Ceres, Göttin der Fruchtbar-

keit, die von Francesco Carabelli um 1775 zur Statue der Botanik umgearbeitet wurde. Die Wände sind mit stuckierten Reliefporträts der bedeutenden Naturforscher Theophrast, Plinius, Linné und Tournefort geschmückt. Darüber leiten Darstellungen der zwölf Tierkreiszeichen, Ausdruck des fortlaufenden Werdens und Vergehens der Vegetation, zur kassettierten Kuppel über, die nach dem Vorbild des römischen Pantheons gestaltet wurde.
In dem Baumlehrgarten fanden neben den heimischen Gehölzen der Pfalz auch zunehmend ausländische Bäume Aufnahme. So pflanzte von Sckell 1784 einen „Ginkgo der Japaner", wie er ihn nannte. Eine Neupflanzung des Ginkgos anlässlich der 250. Wiederkehr des Geburtstages von Friedrich Ludwig von Sckell im Jahre 2000 würdigt dessen Verdienste um den Schlossgarten Schwetzingen und die Gartenkunst.
Das Römische Wasserkastell (75) wurde von Nicolas de Pigage 1779–1780 erbaut. Eine Treppe erschließt die Aussichtsplattform in der Ruine. Ein Aquädukt verbindet das Wasserkastell mit dem außerhalb gelegenen Unteren Wasserwerk (27). Das Wasser ergießt sich als kleiner Wasserfall in den zum Spiegelweiher erweiterten Leimbach. Die an das Wasserkastell anschließende Bogenreihe stellt einen zerstörten Aquädukt dar und ist als künstliche Ruine ein Mahnmal der Vergänglichkeit. Vor diesem Hintergrund erhebt sich ein Obelisk (76) (Nicolas de Pigage, 1779), der an merowingische Grabfunde während der Bauarbeiten 1777 erinnern soll. In diesem Bereich wurde zeitweilig ein Musterweinberg betrieben.

Das Gebäude und die zypressenähnlichen Pyramidenpappeln sollen den Eindruck einer italienischen Landschaft, insbesondere der römischen Campagna, erwecken. Im Durchblick der Aquäduktbögen übertrug sich dieses arkadische Bildprogramm auf die umgebende Landschaft. Diesen Eindruck schilderte ein zeitgenössischer Betrachter: „Links schimmern hie und da des Rheines Silberwellen aus frischen Wiesengrün … und vorwärts dehnen sich die paradiesischen Gefilden aus, wo man die Stadt Mannheim umgeben von vielen blühenden Dörfern und im Hintergrunde die Vogesen und Hardtgebirge mit dem blauen Sitze Jupiters, dem Donnersberge, erblickt", wie Johann Michael Zeyher in seinem Gartenführer von 1809 beschreibt.

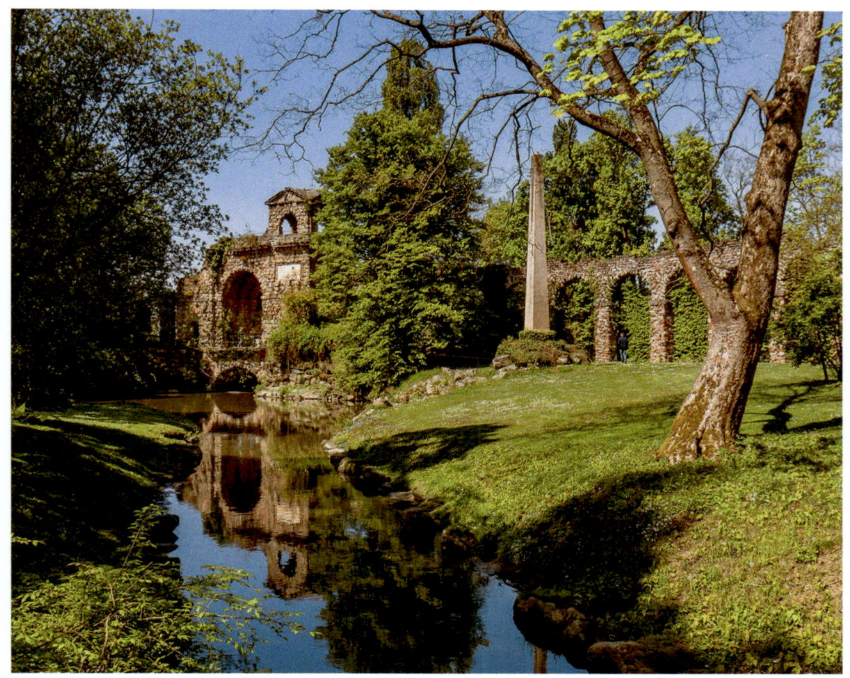

Römisches Wasserkastell und Obelisk

Das Arborium Theodoricum ist mindestens in Teilen das Erstlingswerk von Friedrich Ludwig von Sckell, der in Schwetzingen damit nicht nur einen der ersten Landschaftsgärten in Süddeutschland geschaffen hat, sondern darüber hinaus das Hauptmotiv seines langen Schaffens, das Wiesental, erstmals umgesetzt hat. Englische Vorbilder („Grecian Valley" von Lancelot Brown in Stowe) rezipierend, entwickelte er hier eigenständige Gestaltungsmerkmale: Die geschwungene Wegeführung wird stärker mit Bodenmodellierungen ausgeführt. Das Schwetzinger Arboretum steht europaweit gesehen mit am Beginn einer sich in den folgenden Jahrzehnten entwickelnden Arboretum-Mode.

Kanäle und Brücken

Das Wasser wird am Ende des kleinen Tals wieder zu einem zentralen Motiv und weist als verbindendes Element gleichzeitig den Weg zu den anderen englischen Partien. Die Kanäle bilden eine markante Grenze, an der die zwei Gartenkonzepte sich immer wieder gegenüberstehen. Das von de Pigage geschaffene Kanalsystem stellt die Lebensader des Gartens dar. Das umfangreiche Gewässersystem funktioniert dank einer wohldurchdachten Steuerung über sechs Staustufen trotz fast ebenen Geländes. Zulauf und Ablauf geschieht über den Leimbach, einem natürlichen Gewässer in der Nachbarschaft. Darüber hinaus bildet im 18. Jahrhundert der Grundriss des Kanals die Figur eines Zirkels, dessen Form zusätzlich noch von einem segmentförmigen Becken betont wird, und spiegelbildlich bei der Moschee jene eines Winkels ab.

Auch die Brücken werden neben ihrer verbindenden Funktion als Blickpunkte inszeniert. Am deutlichsten ist dies bei der von Zeyher erstmals sogenannten Chinesischen Brücke (81) zu erkennen. Sie ist an der Nordseite des Großen Weihers Zielpunkt zweier Blickachsen, die vom Apollo- und vom Merkurtempel ausgehen. Nicolas de Pigage, der die Brücke 1779 nach einem Entwurf des italienischen Renaissance-Architekten Andrea Palladio errichtete, nannte sie „Pont de Rialto“. Im Volksmund aber heißt sie „Lügenbrücke“, weil sie angeblich zusammenbricht, wenn jemand auf ihr eine Lüge ausspricht – oder wenigstens den Lügner beim Überqueren straucheln lässt.

Der Englische Garten um den Großen Weiher

Die englischen Partien am Großen Weiher (79) verwirklichte von Sckell in den 1780er-Jahren. Das lange, von Lärchen gesäumte Boulingrin in der Westaussicht des

Arborium Theodoricum

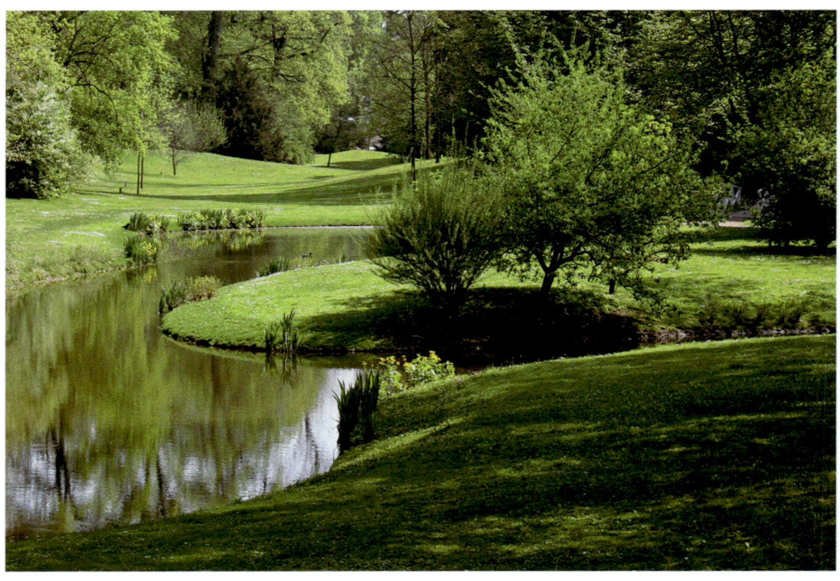

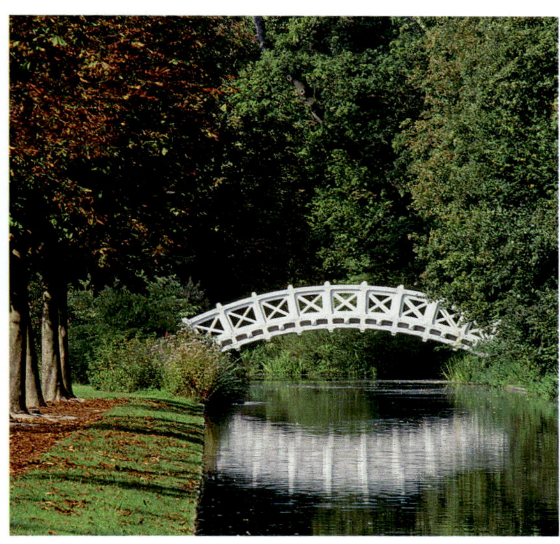

Chinesische Brücke

Apollotempels geht höchstwahrscheinlich auf die vorhergehende Anlage von de Piagage zurück. Der Ausblick aus dem Badhaus verliert sich in einem geschickt mit Gehölzgruppen und Solitärs angelegten Wiesengrund, da die dahinterliegende ehemalige große Baumschule (82) keine Aussicht in die Landschaft gestattete.

Anders als auf der beengten Fläche des Arborium Theodoricum (74) konnte von Sckell im Englischen Garten sein gestalterisches Können in großen Schwüngen entfalten. Er bezog Wasser in die Gestaltung mit ein, indem er der Ausbuchtung des Bassins eine unregelmäßige Uferlinie verlieh und am Gewässersaum Trauerweiden pflanzte. Durch einen effektvollen Einsatz von Gehölzen, Gruppen und Einzelpflanzungen schuf er abwechslungsreiche Landschaftsszenen. Insbesondere die zentrale Aussicht nach Westen (85) wird als Panorama zu den Pfälzer Bergen inszeniert. Die Gartengrenzen sind durch einen „Aha", eine vertiefte und dadurch unsichtbare Umzäunung, verborgen. Da das Gelände auf der Gartenseite höher liegt, entsteht der Eindruck, der Garten setze sich ohne Unterbrechung in die Landschaft fort. Die Bezeichnung „Aha" oder auch „Haha" gibt die Überraschung der Besucher wieder, die die raffiniert versteckte Grenze entdecken.

Die Umwandlung des großen Bassins in einen Weiher geschah unter Johann Michael Zeyher. 1823/24 entfernte

Garten beim Merkurtempel aus der Zeit der Vollendung, Johann Karl Schneeberger 1806, Ausschnitt

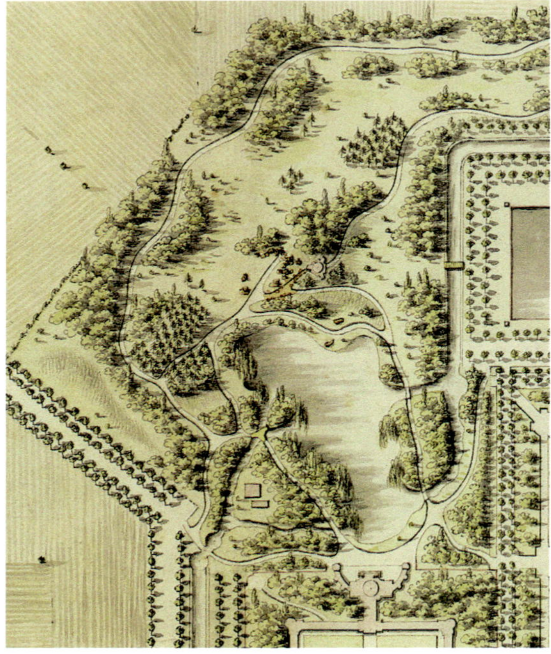

er die Einfassungen am Nord-, West- und Südufer und verwandelte das Gewässer in einen See mit geschwungenen Uferlinien. Die Genehmigung hierzu erhielt Zeyher, indem er sich erbot, die Maßnahme allein durch den Verkauf der Mauersteine aus der Bassin-Einfassung zu finanzieren. Das „schauerliche Wäldchen von Nadelholz" an der gegenüberliegenden Landspitze geht auf seine Gestaltung zurück.

Der Garten beim Merkurtempel

Westlich der Moschee (90) befindet sich ein kleiner Weiher (89), hinter dem auf einem Hügel der Merkurtempel (87) (Nicolas de Pigage, 1787–92) steht. Von Süden ist dieser Hügel als Felsenmeer angelegt, ein schmaler Gang führt in ein rundes Gewölbe unter dem Tempel. Der als Ruine erbaute Merkurtempel ist ein dreigeschossiges Belvedere, das den Blick auf die Moschee, aber auch auf die umliegende Landschaft ermöglicht. Das Bauwerk liegt auf einer Anhöhe in der verlängerten Mittelachse des Großen Weihers (79) und etwas südlich der Mittelachse der Moschee. Der Tempel hat einen stumpf dreieckigen Grundriss, darüber erhebt sich eine Kuppel. Ein Teil davon fehlt, Risse ziehen sich durch das ganze Gebäude.

Der Eingang zum Unterbau befindet sich auf der Südseite zwischen halb eingestürztem Mauerwerk aus großen Sandsteinblöcken.

An diesem Platz war 1784 mit dem Bau eines „Monuments“ begonnen worden, das zumindest von Hirschfeld als „dem altägyptischen Königs Sesostris“ gewidmet betrachtet wurde. Dieser Gedanke wurde bald wieder aufgegeben. So arbeitete man zunächst an der umgebenden Gartenanlage. 1787 fiel die Entscheidung auf eine Ruine als Belvedere und Point de vue für die Moschee. Als architektonisches Vorbild wählte de Pigage die sogenannte Conocchia bei Capua Vetere, ein römisches Turmgrab aus dem ersten Jahrhundert nach Christus. Friedrich Ludwig von Sckell rechtfertigte das unmittelbare Nebeneinander von Architekturen, die Assoziationen von unterschiedlichen Ländern und Szenen hervorrufen, mit deren hohem künstlerischen Rang. Sie seien so beschaffen, „daß man auch nicht eines von diesen Denkmälern entbehren möchte, weil jedes für sich, und durch seine Umpflanzungen, ein malerisches Bild aufstellt“. Hier zeigt sich das Vorbild von Stowe und Kew Gardens (bei London) mit seiner gedrängten Ausstattung an Staffagen, das von Sckell wie de Pigage nachweislich besichtigt hatten.

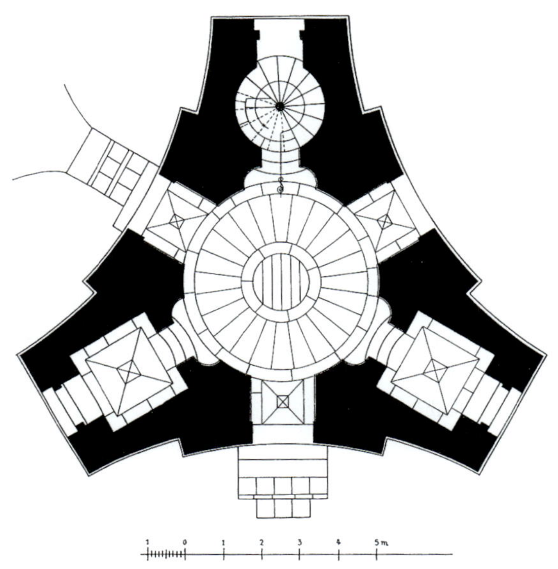

Wilhelm Schweitzer: Grundriss des Merkurtempels, um 1930

Die landschaftliche Komposition um den Moscheeweiher gilt als das Reifewerk von Friedrich Ludwig von Sckell in Schwetzingen und erscheint in den Worten seines Nachfolgers Johann Michael Zeyher dem Auge als „das lieblichste Landschaftsgemälde, das denkbar ist", so „daß diese Parthie des Gartens zu den entzückendsten gezählt werden kann". Von der Moschee aus nähert man sich über eine dreiarmige Drehbrücke im chinesischen Stil, durch ein kleines Wiesentälchen und ein Wäldchen der römischen Ruine. Dort sollen in von Sckells idealer Vorstellung dunkle Gebüsche fast alle Zugänge unmöglich machen und schmale Fußwege sich lediglich auf Umwegen durch Gebüsche winden.

Von Sckells Pflanzungen in diesem Bereich rühmt Gartendirektor Zeyher mit bewegten Worten: „Perückenbäume, tatarisches Geisblatt, einige Cornusarten und Berberitzen stehen in reizender Mischung; hinter dieser steigen in dunklerem Grün, Lerchen und Fichten, Weymouthskiefern, und die glühenden Vogelbeeren empor, und im Hintergrunde begrenzt die Moschee, deren vollen Anblick man hat, die Scene. Diese herrliche Parthie ist das ganze Jahr hindurch schön, und man kann sie mit Recht für die gelungenste im ganzen Garten erklären."

Merkurtempel von Süden mit Eingang zum Unterbau

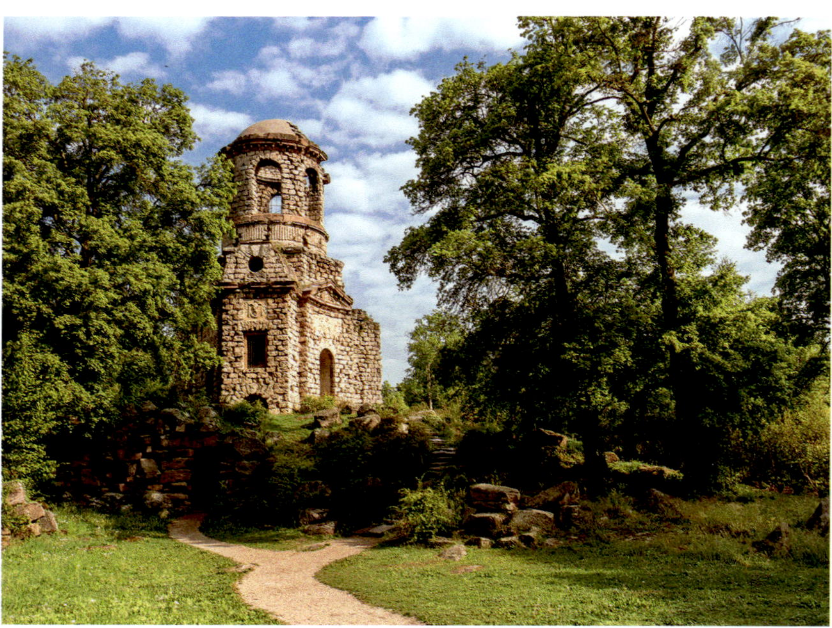

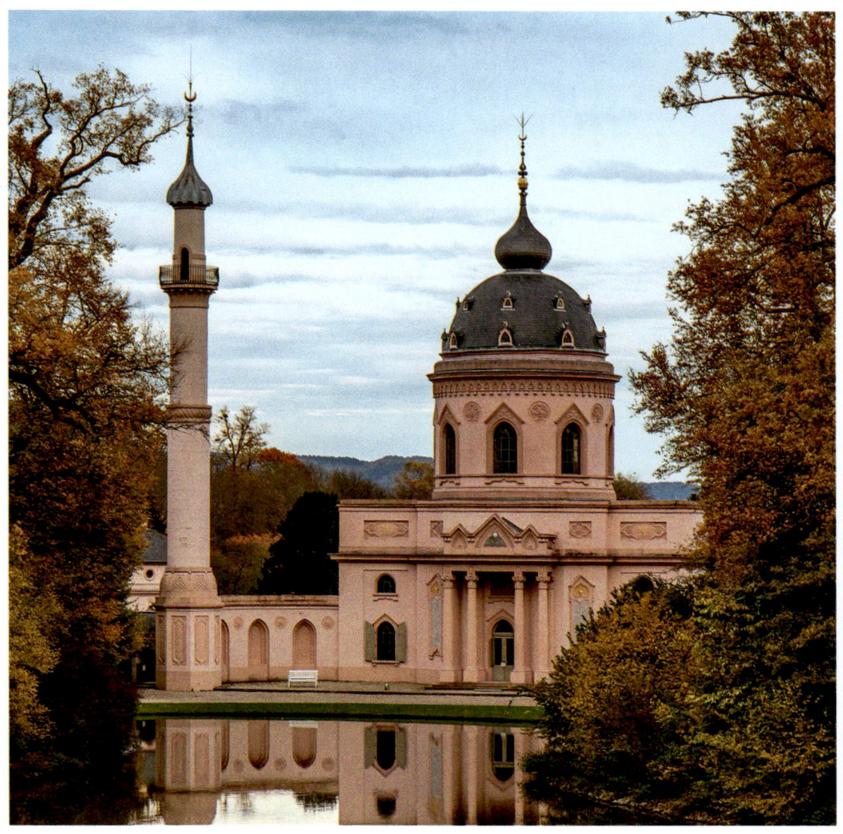

Moschee vom Merkurtempel aus gesehen

Die Moschee

Die von Nicolas de Pigage geplante Anlage (90) besteht aus einem kreuzgangartigen Wandelgang im Osten (1779–1784) und einem von zwei Minaretten (ca. 1786–1795) flankierten Zentralbau (1782–1786) im Westen. Ein von Schlängelwegen durchzogener „Türkischer Garten" mit exotischen Gewächsen umgibt die Moschee.

Die Minarette sind leicht vor die Westfassade des Zentralbaus gerückt, mit dieser aber durch konkave Mauern verbunden. Sie gleichen überdimensionalen Säulen, deren glatter Schaft nur von einem Ring unterbrochen wird und deren Blattkapitelle einen von einer Zwiebelhaube bekrönten Aufsatz tragen. Erst dieser Aufsatz macht die Säulen als Minarette kenntlich.

Die architektonische Gliederung des Zentralbaus variiert die Formensprache einer barocken Kirche höchst originell.

Wilhelm Schweitzer: Grundriss der Moschee, um 1930

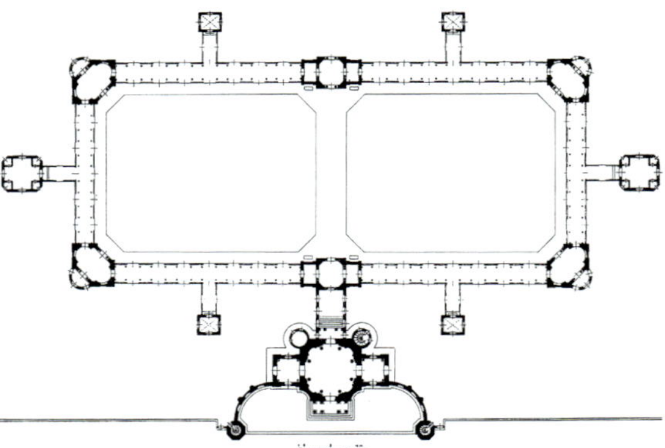

Zitate der westlichen Architekturgeschichte – Säulenportikus, spitzbogige Fenster, Rundbogenarkaden – werden mit orientalischen Motiven wie Halbmonden, Rosetten, Turbanen und mit arabischen Inschriften aus dem Koran kombiniert. Hinzu kommen Ideen der Freimaurer – der fünfzackige, von Flammen umgebene Stern ist dafür ein typisches Symbol.

Der im Grundriss rechteckige Wandelgang besteht nach allen Seiten aus offenem Lattenwerk und ist mit einem aufwendigen Schieferdach versehen, das von Holzsäulen getragen wird. Die achteckigen Pavillons des Wandelganges sind wie der Zentralbau mit Sinnsprüchen in arabischer und deutscher Sprache verziert. Insgesamt fällt die raffinierte Dachlandschaft mit unterschiedlichen, schiefergedeckten Grundformen auf, die von vier vergoldeten Kronen auf den Kuppeln der Eckpavillons und unzähligen vergoldeten Halbmonden bereichert wird.

Der Innenraum der Moschee besteht aus einem runden, von Säulen und Nischen gegliederten Zentralraum mit reicher, farbig gefasster Ornamentik. Arabische Inschriften geben außer dem jeweils über den Rundbögen in eine Kartusche gefügten Wort „allâh“ allgemeine Sinnsprüche, auch in deutscher Übersetzung, wieder. Sie haben keinen religiösen Charakter, sondern verweisen allgemein auf Tugenden wie Weisheit, Fleiß und Verschwiegenheit. Gleichzeitig wird vor Neid, Faulheit und falschem Umgang gewarnt.

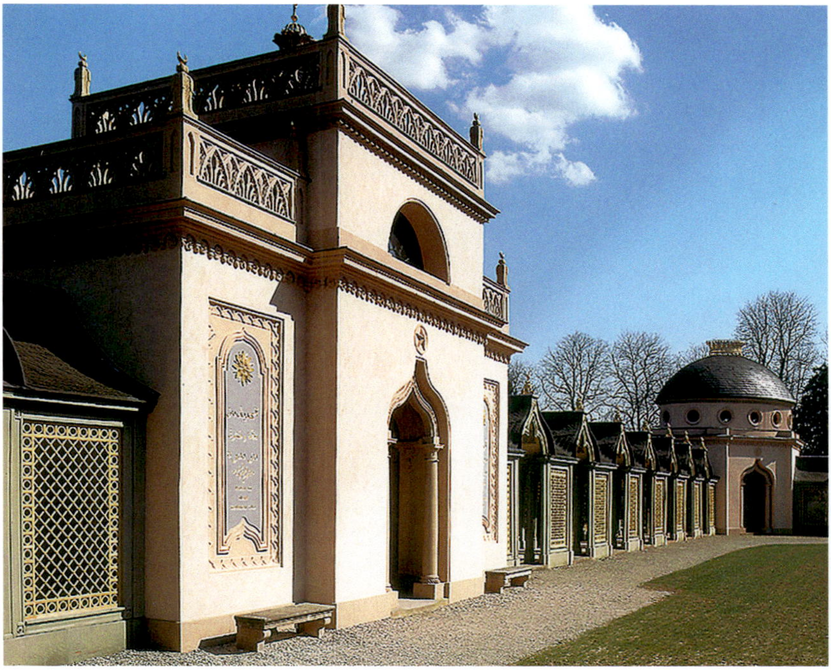

Wandelgang mit Eckpavillon

Im ausgehenden 18. Jahrhundert herrschte eine große Begeisterung für die asiatische und die arabische Welt. Obwohl es in Europa, ausgehend von Kew Gardens bei London, zahlreiche „Gartenmoscheen“ gab, war der Schwetzinger Bau schon in der Entstehungszeit allein durch seine monumentale Größe einmalig.

Der Entwurf für die Schwetzinger Moschee verarbeitete formale Anleihen aus Kew Gardens wie aus dem Werk des österreichischen Architekten Johann Bernhard Fischer von Erlach (1656–1723) zu einer neuartigen und eigenständigen Synthese. Die Schwetzinger Anlage geht in den monumentalen Dimensionen, im Reichtum der Ausstattung und im Anspruch ihres Programms weit über alle bekannten Gartenmoscheen ihrer Zeit hinaus. Sie zeigt – so eine gängige Deutung – das Bemühen um eine durch Toleranz geprägte Auseinandersetzung mit fremden Religionen und der orientalischen Weisheitslehre in der Suche nach den gemeinsamen Vernunftprinzipien im Geist der Aufklärung. Von besonderer kunst- und kulturhistorischer Bedeutung ist sie nicht nur, weil sie die größte jemals errichtete Gartenmoschee

Eine Inschriftentafel am Eingangspavillon

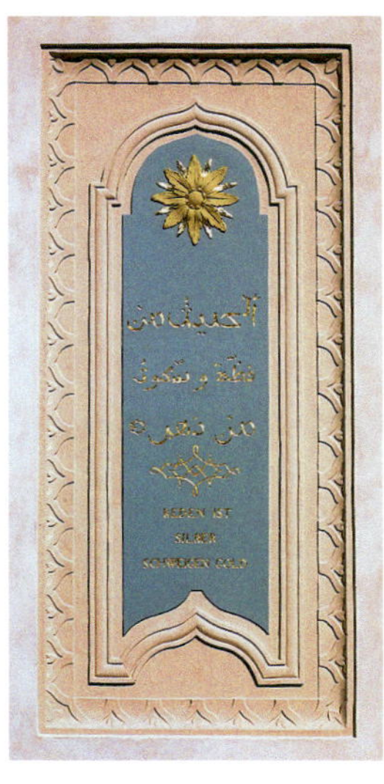

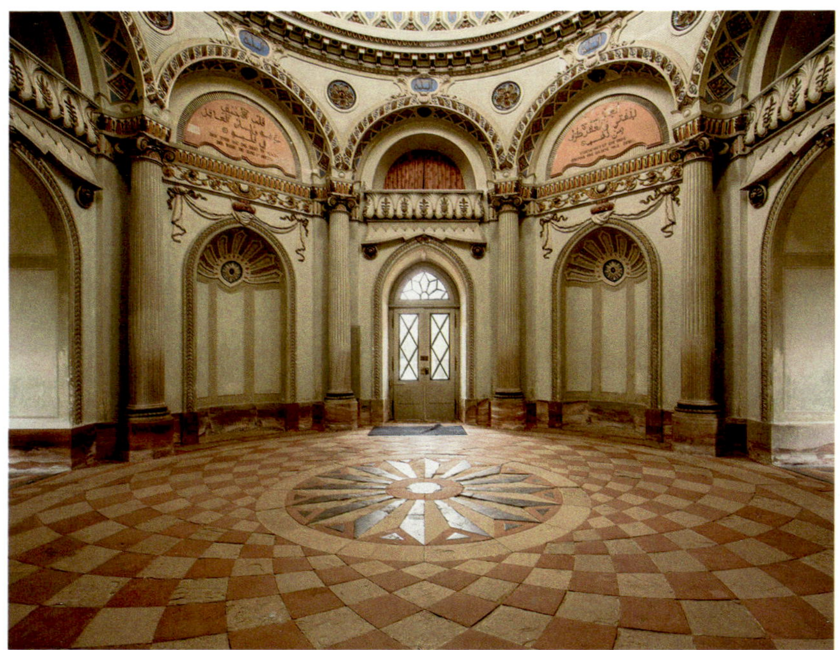

Innenraum der Moschee

ist, sondern auch, weil sie heute als einziger erhaltener Bau des 18. Jahrhunderts diesen Staffagentyp des europäischen Landschaftsgartens repräsentiert. Daher ist es nicht verwunderlich, dass Jean-Charles Krafft zur Schwetzinger Moschee 1809 feststellt: „Dieses Gebäude ist so prachtvoll, dass man in ganz Europa nichts Ähnliches finden kann."

Obstgarten und Wirtschaftsgebäude

Östlich schließt sich an die Moschee der von einer Mauer eingefasste und durch zwei schmiedeeiserne Tore verschließbare Obstgarten (91) an. Hier wurde bereits im 18. Jahrhundert Obst zur Versorgung des kurpfälzischen Hofs angebaut. Die heutige Bepflanzung mit Apfel- und Kirschbäumen verweist auf diesen wirtschaftlichen Aspekt des Schlossgartens. Die jeweils äußeren der im Pigage-Plan dargestellten drei Baumreihen wurden mit der Zierkirsche Prunus „Accolade" angepflanzt, deren prachtvolle Blüte im Frühjahr sich zu einer bekannten Schwetzinger Besonderheit entwickelt hat.

1996 entstanden die neuen Betriebsgebäude der Schlossgärtnerei (16). Wo im 18. Jahrhundert Gemüse und

INSCHRIFTEN (AUSZUG) AN DER WESTFASSADE
(ÜBERSETZUNG UND QUELLENANGABE NACH UDO SIMON, 2006)

Im Giebelfeld: „Es gibt keine Gottheit außer Gott“ (allerdings wurde an einer Stelle das Wort für Gottheit (ilâh) mit dem für Gott (allâh) verwechselt)
Rechts vom Giebelfeld oben: „Gebt Spenden, bevor der Tod kommt.“ (nach Sure 63, Vers 10 des Korans)
Rechts vom Giebelfeld unten: „Sprich: Er ist Allah der Einzige, Allah der ‚Unabhängige‘. Er zeugt nicht und ward nicht gezeugt. Und keiner kommt ihm gleich“ (nach Sure 112, Vers 1-3, teilweise verkürzt)
Links vom Giebelfeld oben: „Gepriesen seist Du und Dein ist das Lob. Gesegnet ist Dein Name und außer Dir gibt es keinen Gott.“ (gekürzte Version einer Sequenz im rituellen Pflichtgebet)
Links vom Giebelfeld unten: „Lobpreise Gott und bitte ihn um Vergebung! Er ist gnädig!“ (nach Sure 110, Vers 3)

Blumen für den Hof herangezogen wurden, sind heute die für die Pflege des Schlossgartens notwendigen Einrichtungen zu finden. Es ist das Verdienst von vielen Generationen von Gärtnern, dass der Schwetzinger Schlossgarten heute noch ein getreues Abbild dessen ist, was unter Kurfürst Carl Theodor in der zweiten Hälfte des 18. Jahrhunderts entstand. Die Weitergabe des Wis-

Großer Obstgarten östlich der Moschee

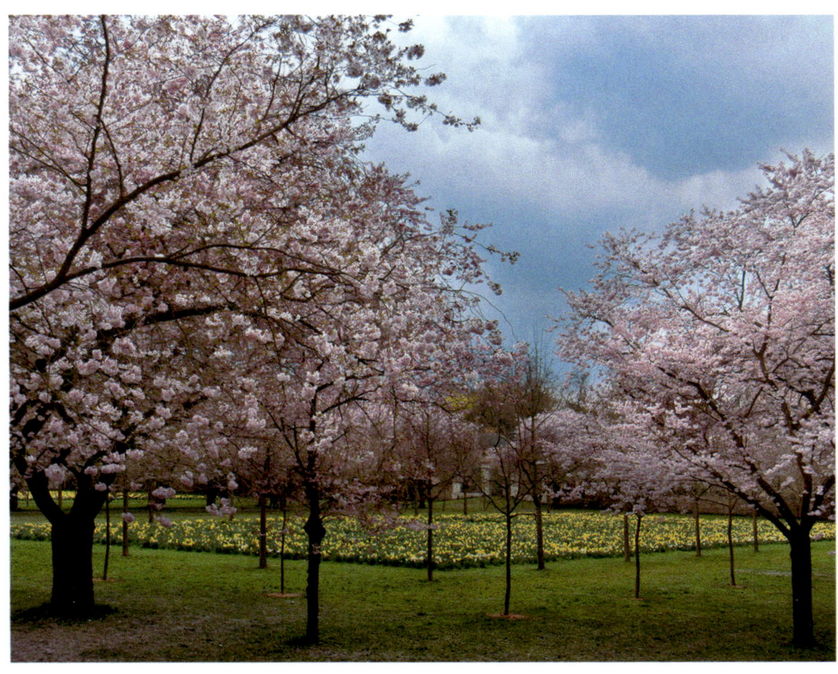

sens um die tägliche Pflege ist auch in Zukunft unabdingbare Voraussetzung für den Erhalt dieses Gartendenkmals.

Der Seepferdgarten

Nördlich der Betriebsgebäude, im Winkel auf der Rückseite des südlichen Zirkelhauses, wurde bereits in den 1760er Jahren ein kleiner Garten (15) angelegt. Im Anschluss an den Speisesaal erstreckte sich ein vertieft gelegener Blumengarten mit vier Parterrebeeten. Er war seitlich eingefasst durch hohes, nach innen gewölbtes Holzgitterwerk. Die Brunnenskulptur (Gabriel de Grupello) zeigt zwei wilde Wasserrösser, die von Tritonen, Wasserwesen der griechischen Sage, gebändigt werden. Seitlich blasen zwei Putten auf Muschelhörnern. Den übrigen Raum nahm eine regelmäßig angelegte Gehölzpartie ein, die von Hecken gesäumte grüne Kabinette und geometrisch angeordnete Spazierwege enthielt. Es wird berichtet, dass hier Jagden ihren festlichen Abschluss fanden. Im Garten konnte die „Strecke gelegt", also das erbeutete Wild präsentiert werden, während die Jagdgesellschaft Erfrischungen zu sich nahm.

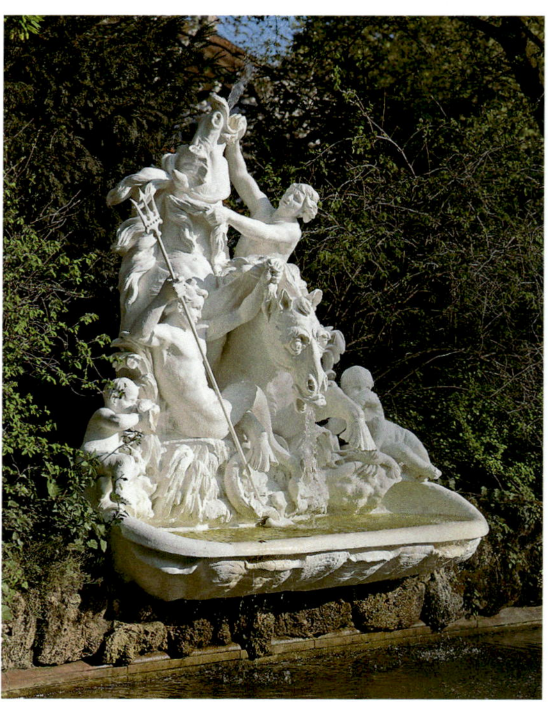

Seepferdgruppe hinter dem südlichen Zirkelgebäude

DAUERAUSSTELLUNGEN ZUR ENTSTEHUNG UND PFLEGE DES SCHWETZINGER SCHLOSSGARTENS

Die *Gartendokumentation* im südlichen Zirkelgebäude gibt Auskunft über die Entstehung und Entwicklung des Schwetzinger Schlossgartens (14).
Die *Ausstellung von historischen Gartengeräten* im ehemaligen Baumagazin zeigt Werkzeuge aus der Geschichte der Gartenpflege. In einem separaten Raum sind eine originale Gartenbank des 18. Jahrhunderts und Teile des aus Holzgitterwerk gefertigten Proszeniums (Bühnenbereich) des Naturtheaters ausgestellt (24).
In der neuen Orangerie befinden sich eine *Ausstellung zur Orangeriekultur* und das *Lapidarium* mit den originalen Gartenskulpturen (23).
Im Unteren Wasserwerk präsentiert eine Ausstellung Ausstattung und Funktionsweise der Technik dieses Kulturdenkmals aus dem 18. Jahrhundert.

Im 19. Jahrhundert gestaltete Gartendirektor Johann Michael Zeyher den Seepferdgarten zu einer landschaftlichen Partie um. Wahrscheinlich orientierte er sich dabei an einem Plan seines Vorgängers Friedrich Ludwig von Sckell. Mit der Versetzung der Seepferdgruppe in den Karlsruher Schlossgarten 1823/24 und der Einebnung des Brunnenbassins verlor der Gartenteil seinen Mittelpunkt. Anfang bis Mitte des 20. Jahrhunderts nutzte man das nun als „Wildnis" bezeichnete Areal für Vereinsfeste.

1997 fand ein Abguss der Seepferdgruppe seinen Platz in dem durch Grabungen nachgewiesenen und neu instand gesetzten Bassin. Zugleich wurde die Vertiefung zwischen dem Brunnen und dem Jagdsaal wiederhergestellt. Die aktuelle Bepflanzung orientiert sich an dem von Johann Michael Zeyher geschaffenen Zustand zu Beginn des 19. Jahrhunderts.

BEDEUTUNG ALS KULTURDENKMAL

Hartmut Troll

Die Bedeutung des Schwetzinger Schlossgartens als Kulturdenkmal ist vielfältig. So greifen hier zwei sehr unterschiedliche Garten- und Naturauffassungen kunstvoll ineinander und verbinden sich zu dem Idealtypus eines fürstlichen Residenzgartens des 18. Jahrhunderts. Im überschaubaren Zeitraum einer Generation entstand ein vergleichsweise homogenes Werk, an dem führende Gartenkünstler ihrer Zeit beteiligt waren. Zudem werden noch an der Wende zum 19. Jahrhundert Maßnahmen zur Bewahrung des Gartens eingeleitet. Dieser Tatsache ist das hohe Maß an Authentizität zu verdanken, das Schwetzingens Rang als überragendes Kulturdenkmal begründet. Zahlreiche Forschungen und Aufsätze der letzten Jahre belegen die Ernsthaftigkeit des ikonografischen Programms der Sommerresidenz, das dynastische, territoriale und mythologische Aspekte miteinander verband.

MUSISCHE KÜNSTE

Mit dem Regierungsantritt des Kurfürsten Carl Theodor 1742 entwickelte sich Schwetzingen zu einem international beachteten Zentrum höfischer Kultur. In engem Zu-

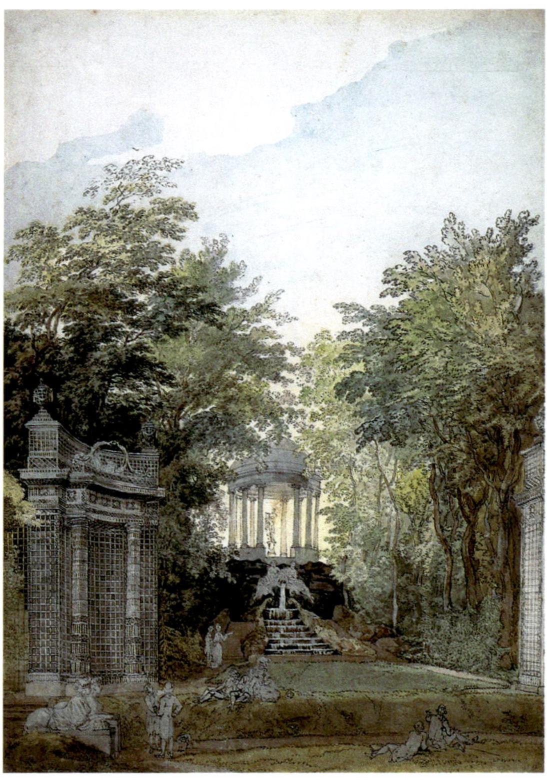

Wilhelm von Kobell: Apollotempel und Naturtheater. Aquarell, 1791

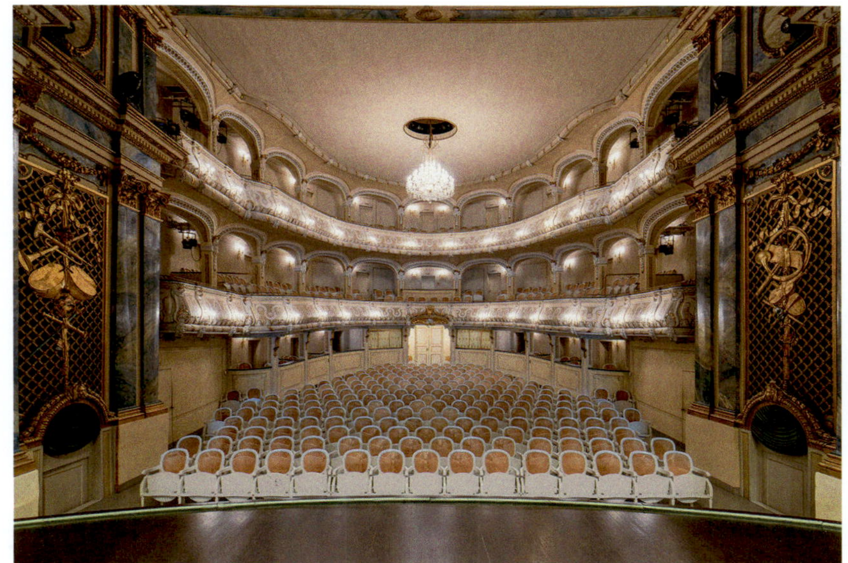

Blick in den Zuschauerraum des Schlosstheaters

sammenhang mit einem der prächtigsten Höfe in Europa, der kurpfälzischen Hauptresidenz in Mannheim, wurde Schwetzingen zwischen 1743 und 1778 im Sommer regelmäßig für mehrere Monate zum Aufenthaltsort von Hofstaat und Hoforchester.

Europäische Bedeutung erlangte die Sommerresidenz durch die Förderung von Musik und Theater: Hier wurde 1776 die erste deutschsprachige Oper, „Günther von Schwarzburg" von Ignaz Holzbauer, aufgeführt. Das Theater- und Opernrepertoire reflektierte kritisch die ständische Ordnung und stellte dem Publikum aufklärerische Ideale vor. Besuche von Voltaire (1753), dessen Tragödie „Olimpie" 1762 im Schwetzinger Schlosstheater uraufgeführt wurde, von Leopold Mozart mit seinen Kindern Wolfgang und Nannerl (1763) sowie von Giacomo Casanova (1767) zeugen von der internationalen Anziehungskraft Schwetzingens.

Im bis heute bespielten Theater ist der formale Übergang vom Logentheater, das gesellschaftliche Unterschiede architektonisch betont, zum Rangtheater sichtbar. Das Schwetzinger Schlosstheater ist das früheste erhaltene Beispiel eines Rangtheaters in ganz Europa. Es weist im Zuschauerraum die originale Dekoration des 18. Jahrhunderts auf und ist so als Raumkunstwerk authentisch erlebbar.

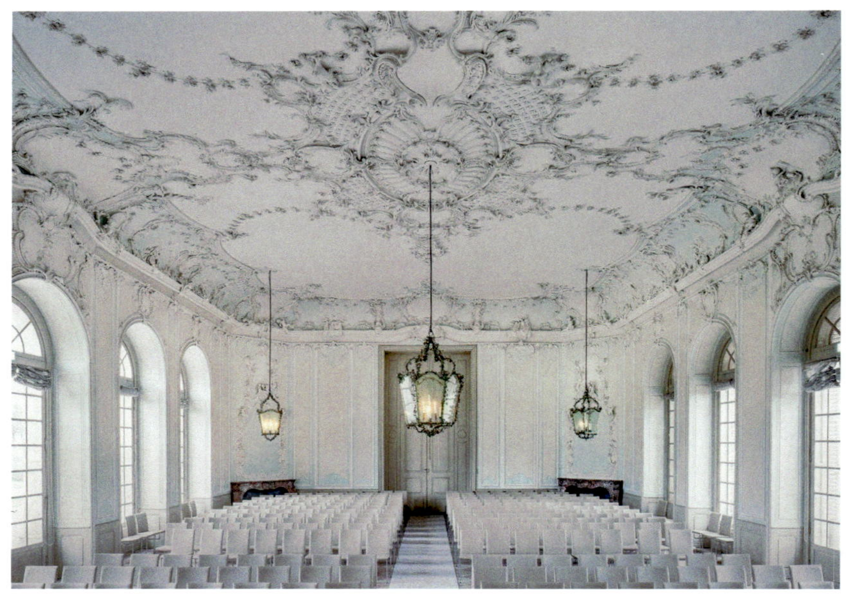

Mozartsaal im südlichen Zirkelgebäude

Die Musikkultur korrespondiert unmittelbar mit der Gestaltung und Ausstattung des Gartens, der deshalb ein Zeugnis für diese untergegangene Kulturtradition ist und diese in ihrer ganzen Breite und Dichte repräsentiert. Eindrucksvoll wird der spezifische Charakter des höfischen Lebens in der Sommerresidenz Schwetzingen auch an den zahlreichen, auf engem Raum beieinanderliegenden Spielorten für Theater- und Musikaufführungen deutlich. Das enge räumliche Geflecht und die Unterschiedlichkeit der Aufführungsorte in Schloss und Garten dokumentieren die beeindruckende Vielfalt des musikalischen Programms. Die Deutsche Chronik von Schubart berichtet 1774, wie hohem Besuch „alle Abend Musik im Badhause, oder Concert, oder Oper, welsch, französisch und ... auch deutsch“ vorgespielt wurde. Damit sind als Spielorte das Rangtheater im nördlichen Zirkelgebäude, der original erhaltene stuckierte „Salle de jeu“ (Mozartsaal) im südlichen Zirkelgebäude und das Badhaus genannt, denen als Musikgattungen die Oper, die musikalischen Akademien und das kammermusikalische Musizieren im privaten Rahmen entsprachen. Das Naturtheater mit dem Apollotempel als Blickpunkt (Prospekt) und dem abgeschirmten, von Sphingen bewachten Zuschauerraum war als Schauplatz für besondere Festlichkeiten gedacht.

„VOLLKOMMENSTE SYNTHESE DER BEIDEN GARTENSTILE" (HALLBAUM 1928)

Der Garten des Kurfürsten Carl Theodor illustriert hervorragend eine epochale Veränderung der europäischen Gesellschaft in ihrem Verständnis von Kunst und Natur. Die formale Gartenkunst, die im französischen Barock ihren glänzenden Hohepunkt hatte, wurde durch eine an malerischen Kompositionen orientierte, natürlich anmutende Gestaltung abgelöst. Diese von ihrer Charakteristik her gegensätzlichen Konzeptionen der Gartengestaltung sind in Schwetzingen durch Sichtachsen und Wege miteinander verknüpft, raffiniert aufeinander abgestimmt und zu einer kontrastreichen Einheit geführt. Wie einen Gürtel hat Sckell die englische Partie um den barocken Garten gelegt und beide Sphären zu einer neuen Synthese gebracht.

Einzigartig ist die reiche, komplett erhaltene Ausstattung mit einer sehr hohen Zahl an Skulpturen und Architekturen, den „Fabriques" oder „Staffagen". Jedes Element der Ausstattung – ob im barocken Garten, ob im Landschaftsgarten – ist in seinem ursprünglichen Kontext erlebbar und kann so die beabsichtigte Wirkung entfalten.

Parterre mit Sommerflor

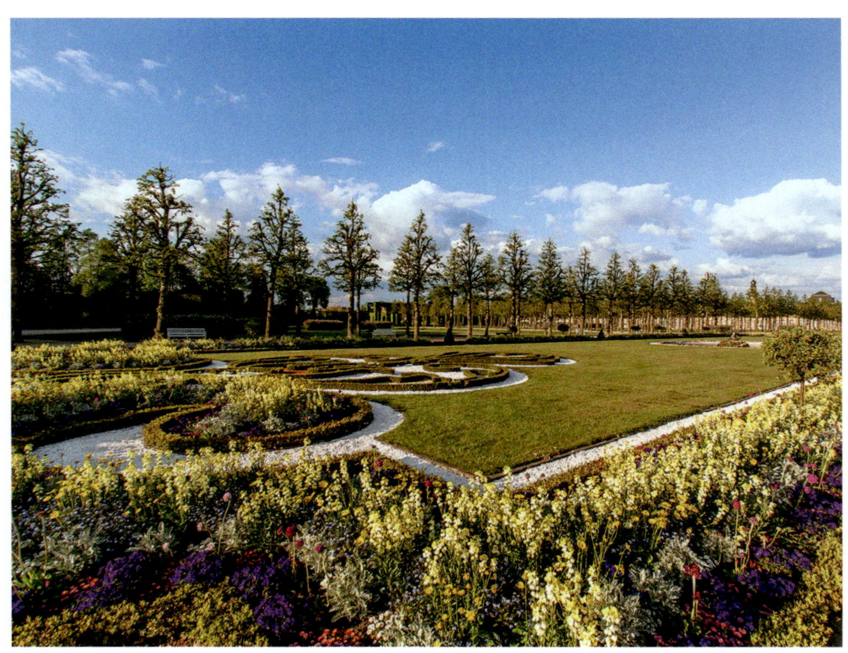

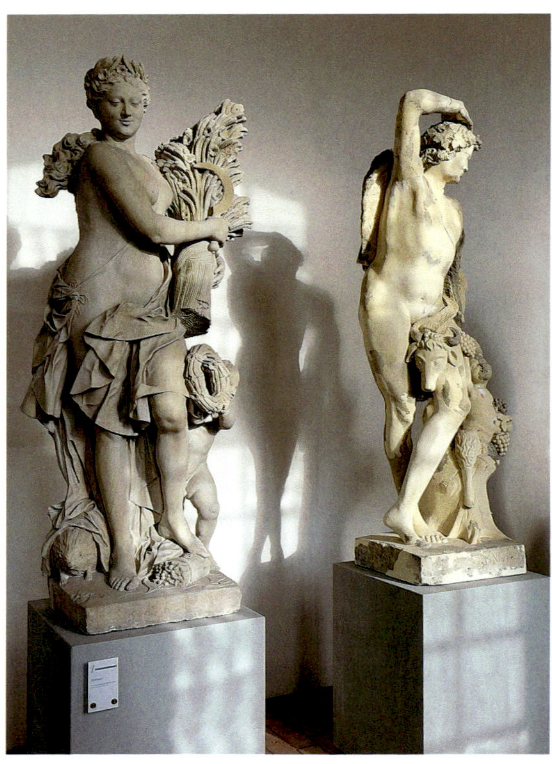

Wohl gibt es in anderen Gärten in Europa barocken Skulpturenreichtum und bedeutende Staffagebauten, aber in keinem einzigen Garten des 18. Jahrhunderts werden die beiden Stilepochen dicht nebeneinander so repräsentativ gezeigt wie in Schwetzingen.

Beide Gartenauffassungen zeichnen sich in Schwetzingen mit – für ihre Zeit bemerkenswerten – künstlerischen Leistungen aus: Das Kreisparterre von Johann Ludwig Petri stellt nach seinem Typus eine einmalige Gestaltung eines monumentalen barocken Gartenraumes dar. In den Bosketts sind innerhalb der klassisch formierten Lustwäldchen Sonderformen (Quincunx und Immergrünes Wäldchen) eingebracht, eine raffinierte typologische Variation von Nicolas de Pigage, und die landschaftlichen Partien beginnen mit dem Erstlingswerk von Friedrich Ludwig von Sckell, das für sein Werk stilbildend wirken sollte.

Analog dazu ändert sich das Kunstprogramm von einem Garten der Allegorie zu einem Garten der Vernunft. Darstellungen kosmologischer Themen wie das der Jahreszeiten oder der Elemente werden mit mythologischen Figuren zu einem barocken Sinnbild der Wiederkehr des Goldenen Zeitalters kombiniert. Zusehends rückt nun das Thema der Vernunft in den Mittelpunkt. So sind mit dem Tempel der Botanik und der Moschee Grundbegriffe der Aufklärung, Natur und Toleranz, gänzlich ohne Rückgriff auf klassische Allegorien, dargestellt.

Und so hat der Schwetzinger Schlossgarten gerade über die außergewöhnliche Kombination gegensätzlicher und jeweils reich ausgestatteter Gartenstile von jeher seine ihm eigene Ausstrahlung besessen. Der wichtigste Gartenschriftsteller des 19. Jahrhunderts, der Schotte John Claudius Loudon, berichtet in seiner „Encyclopedia of gardening", die Gärten von Schwetzingen „are considered ... as the most delightful in Germany". Und sein Zeitgenosse Charles Edward Dodd bezeichnet Schwetzingen gar als eine alte Residenz der pfälzischen Kurfürsten mit einem Garten, der als der herrlichste in Deutschland betrachtet und in Europa nicht von vielen übertroffen werde: „An ancient residence of the Electors Palatine with a garden considered the most splendid in Germany, and not exceeded by many in Europe."

Moschee mit Türkischem Garten

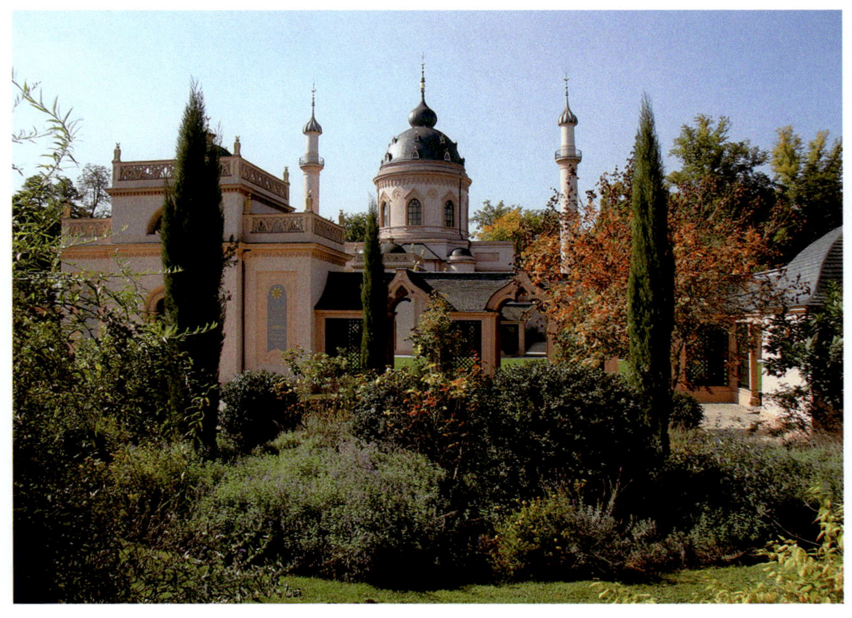

ERINNERUNGSMONUMENT UND GARTENDENKMALPFLEGE

Die Sommerresidenz Schwetzingen stellt ein einmaliges Gartenkunstwerk dar, das bereits im 18. Jahrhundert als Erinnerungsmonument eines herrschaftlichen Territoriums – der Kurpfalz – interpretiert wurde, wie es in Europa für diese Zeit singulär war und insbesondere in den daraus abgeleiteten Bewahrungsstrategien moderne Denkmalschutzansätze vorwegnahm.

Die ikonografische Komposition des Schlossgartens wird von Anfang an wesentlich von einzelnen Monumenten authentischer Geschichte mitgetragen. Am augenscheinlichsten geschieht dies mit der Beibehaltung des altertümlichen und für eine barocke Sommerresidenz weitgehend funktionsfremden Schlosses, das als archäologischer Körper wie ein Denkmal der dynastischen Erinnerung fungiert. Carl Theodor verpflichtet seine Architekten zu Respekt gegenüber dem jahrhundertealten Bau, da auch im Dreißigjährigen Krieg und im Pfälzischen Erbfolgekrieg das Schloss zwar sehr beschädigt war, aber nie abgerissen wurde. Auf der Stadtseite des Corps des Logis sind vom Bergfried der pfalzgräflichen Burg bis hin zum Medici-Wappen der Gattin von Kurfürst Johann Wilhelm unterschiedliche Traditionen der kurpfälzischen Geschichte des Schwetzinger Schlosses sichtbar erhalten.

Unter Carl Theodor geschieht der Rückgriff auf geschichtliche Relikte damit ungleich umfassender und systematischer als bei seinen Vorgängern. Ausgrabungen im Garten dienen – am Fundort mit Monumenten sichtbar gemacht – als authentische Zeugnisse, die durch erläuternde Inschriften für die Echtheit des an der Antike orientierten Bildprogramms bürgen.

Im Jahr 1778 übersiedelt Carl Theodor nach München. Trotz des Verlusts der Funktion als Sommerresidenz wird der Schwetzinger Garten nicht nur erhalten, sondern in noch größerem Umfang als ursprünglich geplant zur Vollendung, zu einem beispielhaften Abschluss gebracht.

Die Moschee als die größte Parkarchitektur und der Merkurtempel entstehen in dieser Zeit. Die ikonografische Ausrichtung des Gartens verschiebt sich merklich. Es scheint, als sei die Kurpfalz endgültig in den Horizont der Geschichte gerückt. Aus dieser nun rückwärts gewandten Deu-

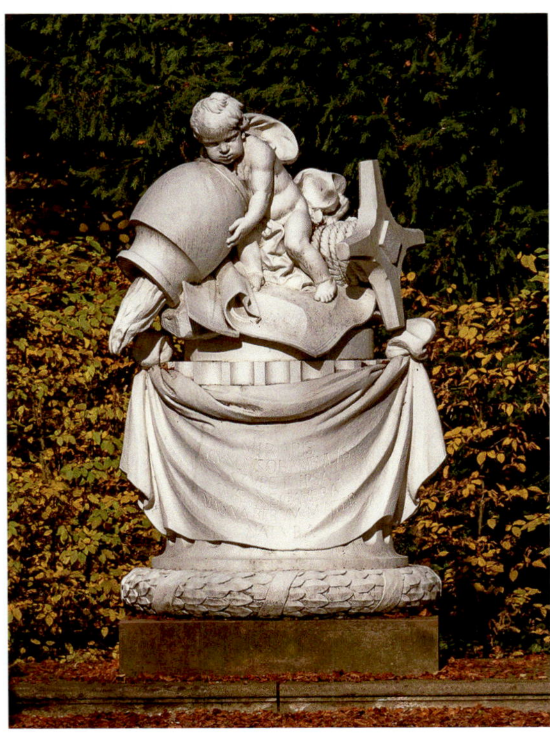

tung der „goldenen Zeit der Kurpfalz" erwächst letztlich eine konsequente, für die Zeit einmalige und bis heute anhaltende Strategie des Bewahrens. Sie gilt nun dem Ensemble als Ganzem, nicht mehr einzelnen archäologischen Relikten und nimmt damit moderne Denkmalschutzansätze vorweg, indem sie den Lustgarten in seiner Gesamtheit als „Churpfälz[isch]es Monument" der Nachwelt zu erhalten trachtet, wie es 1795 Nicolas de Pigage im sogenannten „Protocollum commissionale" zu erinnern notwendig gefunden hat. Diese Art früher Managementplan geht mit seinen konkreten Vorschlägen zu Pflege- und Erhaltungsmaßnahmen über allgemeines Respektbekunden hinaus, wie es etwa in Bayern Friedrich Wilhelm III. zum Erhalt des Bayreuther Hofgartens 1799 macht.

Der Gartenkunst begegnen de Pigage und von Sckell dabei mit großer Achtung, insbesondere sollten die „Reizenden Mahlerischen bilder und ansichten, die diese Anlage darbietet, mit vieler sorgfalt erhalten werden, um somehr, da diese mit gar wenige Kösten verbunden seyen". Die Gehölzbestandspflege sollte in enger Abstimmung mit künstlerischen

Erfordernissen erfolgen. In seinem Abschiedsbrief aus Schwetzingen fordert von Sckell von seinem Nachfolger Kenntnisse in der „bildenden Gartenkunst“. In diesem Sinne geschieht es im Wesentlichen unter Johann Michael Zeyher, aber auch nach dessen Tod ab 1843 in der Verantwortung der Großherzoglichen Gartendirektion in Karlsruhe. Insbesondere die von Garteninspektor Johann Wagner durchgeführte Alleeverjüngung im Kreisparterre wird in Fachkreisen noch Jahrzehnte später als beispielhaft zur Konservierung eines wertvollen Baumbestandes herausgestellt. Und so heißt es in einem Bericht der großherzoglich-badischen Gartendirektion 1882: „So tritt uns bei aufmerksamer Beobachtung das anerkennenswerthe Bestreben entgegen, die Schöpfung eines früheren Jahrhunderts, die in Deutschland nur vereinzelt dasteht, so weit es die vorhandenen Mittel gestatten, zu erhalten. Die Aufgabe des Gärtners, das vorhandene zu conservieren, wird nach Möglichkeit gelöst.“ Die sehr früh – kurz nach der Fertigstellung – einsetzende Interpretation des Schwetzinger Gartens als Monument und die damit verbundene dauerhafte Bewahrungsstrategie kann als einzigartig unter den europäischen Gartenanlagen gelten.

Beflügelt vom neu erwachten Interesse am Barock erfährt der Garten Anfang des 20. Jahrhunderts höchste Beach-

Stadtseite des Schlosses mit Medici-Wappen

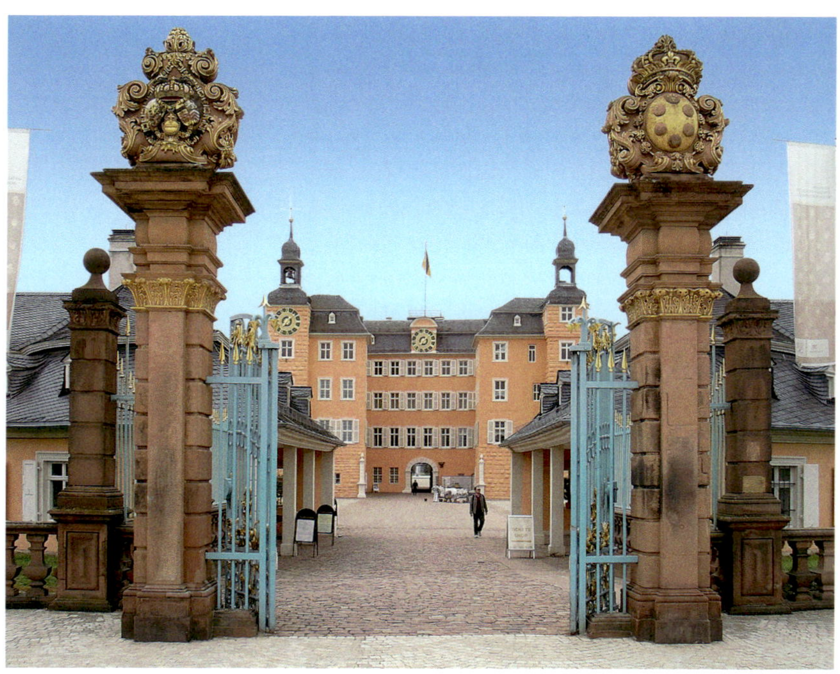

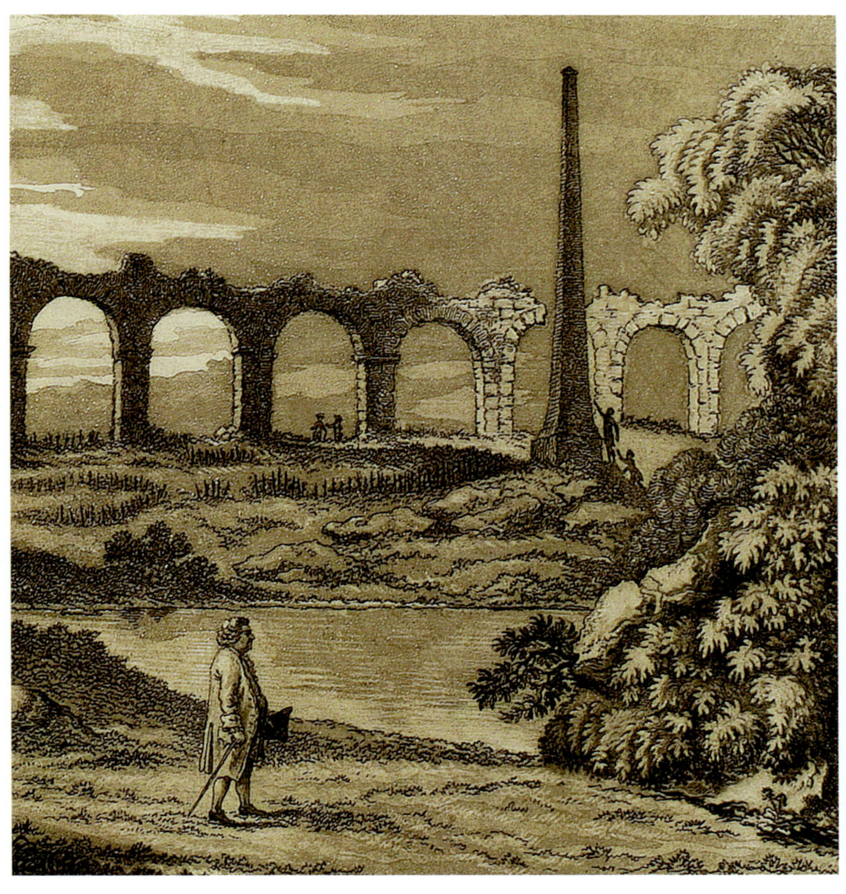

Der Obelisk vor dem Aquädukt des Römischen Wasserkastells markiert eine archäologische Fundstelle

tung. So äußert der Magdeburger Gartendirektor Schoch, es sei gelungen, das Große von bleibendem Wert zu erhalten und zu vertiefen. 1910 wird Schwetzingen in der Fachliteratur sogar als der besterhaltene Garten der spätklassischen Zeit bezeichnet. Während der gartenfachlichen Betreuung durch die Forstverwaltung ab den 1920er-Jahren erinnert der Kunsthistoriker Franz Hallbaum an Kunstgefühl und Verantwortung zur Bewahrung der „vollkommensten Synthese der beiden Gartenstile, die wir in Deutschland besitzen" (1928).

Das in seinen Grundlagen heute noch gültige Parkpflegewerk aus dem Jahr 1970 ist in großen Teilen Christian Bauer, Staatsgärtendirektor in München, zu verdanken, der den Schwetzinger Schlossgarten als „einen Höhepunkt in der Geschichte deutscher Gartenkunst, einen Garten von Weltgeltung" einstuft: Das Parkpflegewerk verfolge den Zweck, den Zustand zu analysieren und unter Wah-

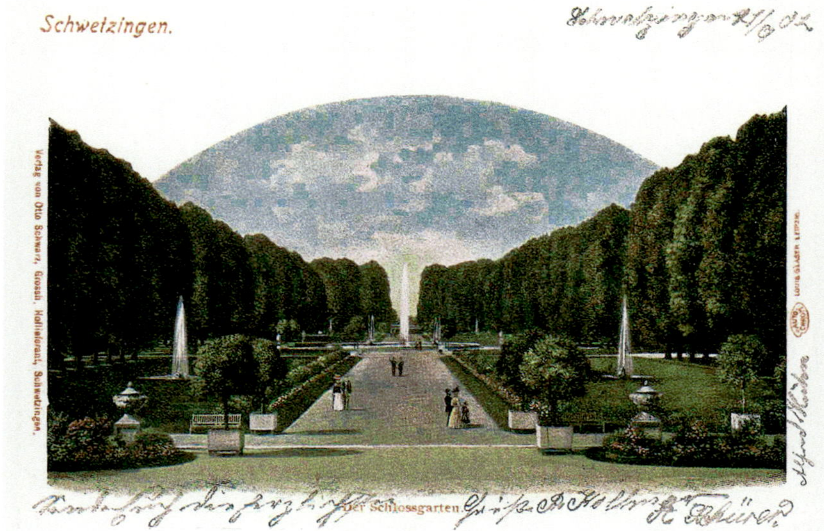

Im Wesentlichen erhaltener Schlossgarten um 1900

rung historischer Gestaltungsideen und Förderung des Erholungswertes Wege für eine Regeneration über einen längeren Zeitraum aufzuzeigen.

Von 1970 bis 1990 werden unter der fachlichen Leitung von Hubert Wertz, ab 1987 tätig für die Staatlichen Schlösser und Gärten Baden-Württemberg, die Parterrebeete und der Alleenbestand umfassend erneuert. Das mustergültig, mit strenger Wissenschaftlichkeit (teil-)rekonstruierte Broderieparterre findet internationale Beachtung und bildet den idealen Rahmen für das 1975 im Rahmen des europäischen Denkmalschutzjahres in Schwetzingen abgehaltene „Internationale Symposium historische Gärten und Anlagen“. Im Jahr 2005 wird das Parkpflegewerk von Hubert Wertz fortgeschrieben und methodisch aktualisiert. Es ist die erste Fortschreibung eines Parkpflegewerks in Deutschland überhaupt.

HISTORISCHE GÄRTEN IN DER KLIMAKRISE

Die Folgen des Klimawandels hinterlassen mittlerweile auch im Schwetzinger Schlossgarten deutliche Spuren. Eine Auswertung der seit 1941 vor Ort gemessenen Niederschlags- und Temperaturdaten belegt, wie in den letzten 20 Jahren sowohl die Verschiebung der Regenmengen und -verteilung als auch die Erwärmung insbesondere in den Sommermonaten deutlich an Fahrt aufgenommen haben. Anfänglich waren vor allem Jungbäume im Landschaftsgarten auffällig, die auf den sandigen Standorten offenbar Schwierigkeiten hatten, sich zu etablieren. Also wurden von den alten majestätischen Eichen in der Feldherrnwiese Nachkömmlinge gewonnen, „Naturverjüngung" heißt dies in der Forstwirtschaft. In Schwetzingen wurde dazu das Betriebshofgelände genutzt. Die dichte Folge trockener und heißer Sommer mit den Spitzenwerten von 2018 führte dazu, dass aber auch dramatisch viele alte Bäume abstarben. Gerade sie sind jedoch das Kapital historischer Gärten, „zu dessen Hervorbringen" – wie es Friedrich Ludwig von Sckell formuliert – „die Natur ein ganzes Jahrhundert bedurfte". Besonders schmerzhaft war, dass viele bildprägende Originalbäume von Rotbuchen und Stieleichen betroffen waren.

Die über den Klimawandel geschwächten Gehölze sind darüber hinaus anfällig für Pflanzenkrankheiten und Schädlinge, wie etwa neue Gruppen phytopathogener Pilze, die Nutzpflanzen und Monokulturen schädigen. Auch verdichtete Böden rund um die Wurzeln machen den Bäumen zu schaffen und schwächen ihre Widerstandskraft.

Ein zentraler und vor allem nachhaltiger Lösungsansatz ist die Wiedereinrichtung der parkeigenen Baumschule. So empfiehlt auch Friedrich Ludwig von Sckell in seinen Beiträgen zur bildenden Gartenkunst die lokale Bauman-

Quincunx mit Flatterulmen im nördlichen Boskett, eine der jüngsten Wiederherstellungsmaßnahmen

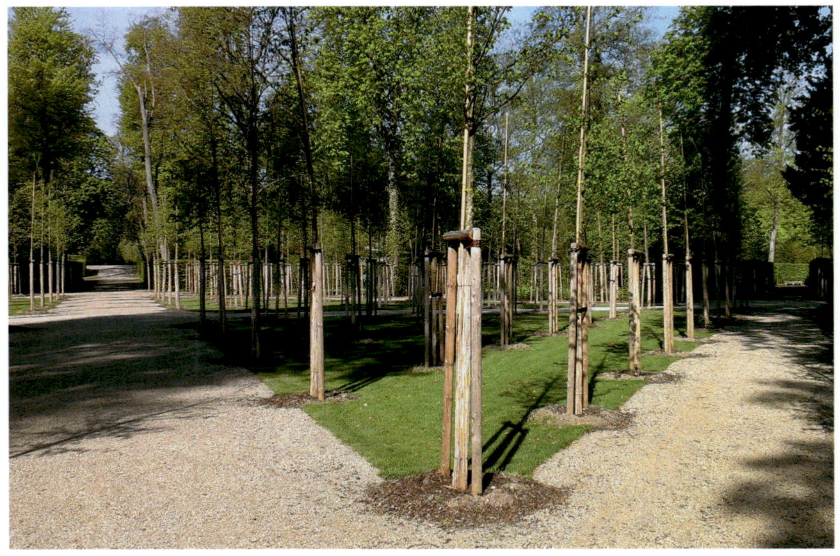

zucht, wie er sie in Schwetzingen kennen gelernt hat: „Pflanzen, in loco gezogen, sind schon da, wo sie die Gärten der Natur schmücken sollen, sowohl an das Klima, wie an die Erde gewöhnt, so daß man auf Ihr Gedeihen und Fortkommen weit sicherer rechnen kann, als auf solche Pflanzen, die man erst aus entfernten Gegenden und Himmelsstrichen muß kommen lassen."

Die Kultivierung naturverjüngter Exemplare hat also den Vorteil, dass die Bäume von klein auf an die spezifischen Standortbedingungen vor Ort angepasst sind. Zudem werden Kultivierungstechniken angewendet, die deren Resistenz gegen Trockenheit erhöhen, zum Beispiel bestimmte Bewässerungsstrategien. Oder es werden Tonröhren benutzt, damit die Bäume Pfahlwurzeln ausbilden, mit denen sie in tiefere Erdschichten mit Wasser vordringen können. Darüber hinaus werden auch Pflanzen aus warmen, trockenen Gegenden in Deutschland und von den Rändern der geographischen Verbreitung dieser Bäume in Europa kultiviert, da sie eine höhere Trockenstresstoleranz erhoffen lassen. In Schwetzingen sind das in einem ersten Schritt etwa Rotbuchen aus dem Westerwald, dem fränkisch-württembergischen Bergland, aus Nordspanien und Ostpolen.

Summa summarum wird mit der eigenen Baumschule in Schwetzingen eine handwerkliche Tradition wiederbelebt, die als eine Ressource des Ortes an ihrem historisch verbrieften Platz gelten kann. Während der Voruntersuchungen für die Einrichtung der Baumschule ergaben sich Hinweise auf ein originales Wasserbecken im Bereich der kleinen Baumschule. Es wurde genau mit archäologischen Methoden verortet und dokumentiert,

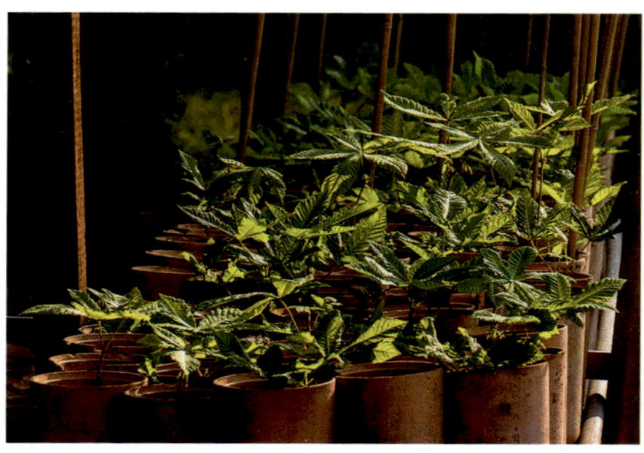

Tonröhren zur Förderung der Pfahlwurzelbildung

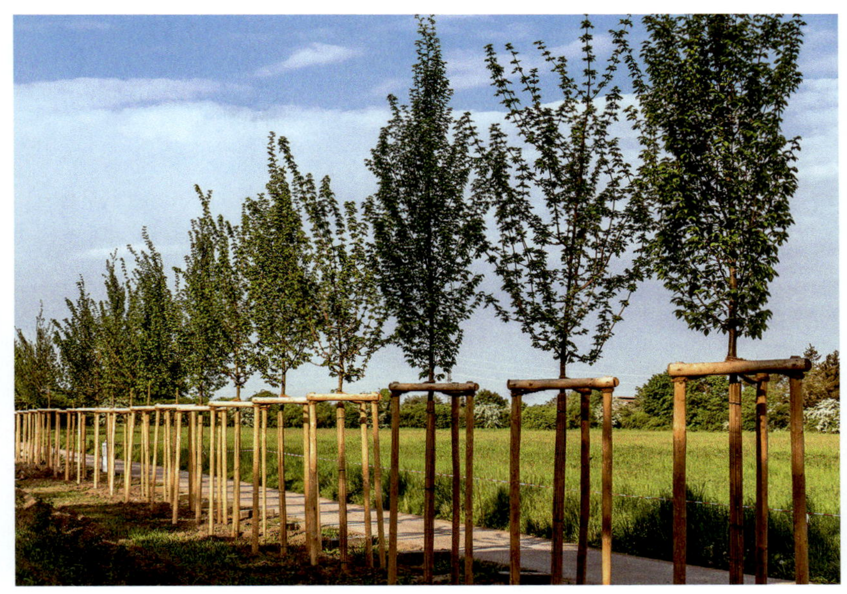

Parkeigene Baumschule

die erhaltenen Steine wurden restauriert und in die Planung einbezogen.

Als weitere Maßnahmen im Kampf gegen die Klimawandelfolgen im Garten werden Bodenuntersuchungen gemacht und die Standorte der Bäume, so weit es geht, verbessert, um sowohl die Altbäume so lange wie möglich zu erhalten als auch neue Pflanzungen zu unterstützen. Und wenn es nicht anders geht, müssen Ersatz- und Ergänzungspflanzungen gefunden werden. Dazu beziehen die verantwortlichen Gartenkonservatoren alle historischen Stadien des Parks in ihre ausführlichen Untersuchungen ein, ebenso wie geschichtliche Hinweise – etwa von Sckell zur Pflege und Bewahrung der im „Natürl[ichen] Gartengeschmack angelegte[n] Parthien".

Es geht also um mehr als um naturwissenschaftliche Forschungen zu Pflanzen, die dem Klimawandel gewachsen sind, oder die richtigen Techniken, diese Erkenntnisse umzusetzen. Der Schlossgarten Schwetzingen ist ein Denkmal kulturellen Erbes, das bewahrt werden muss. Aus der Entstehungszeit überliefert ist eine Intentionalität der Komposition, das „bildlich malerische Gruppieren und Verbinden der Bäume und Sträucher". Sie ist bis auf die Bedeutung einzelner Baumarten vielfältig belegt. Diese Maxime gilt auch für die Adaptionsstrategien der Gehölzverwendung in Schwetzingen.

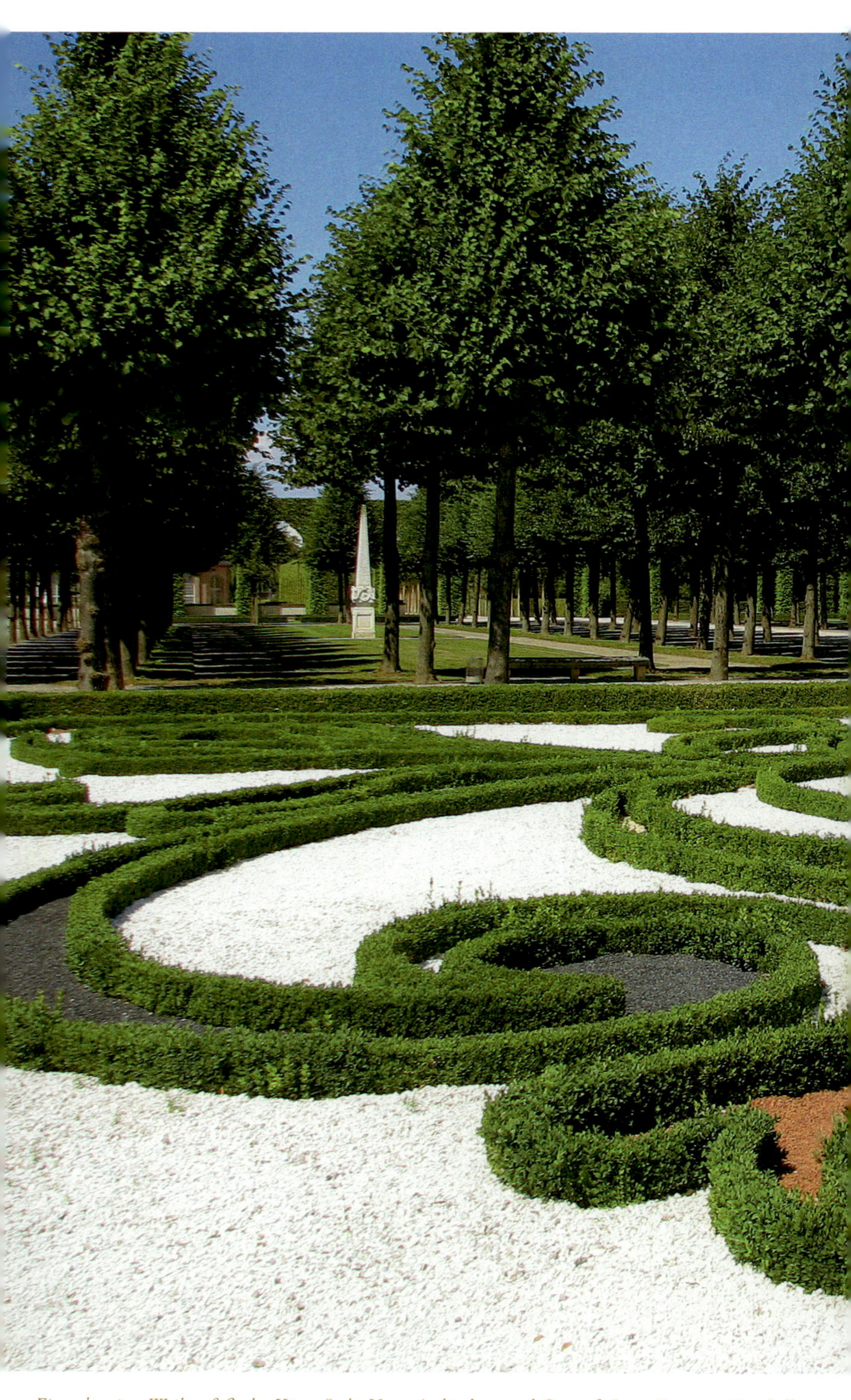

Eines der vier „Weihegefäße der Künste", die Vase „Architektur und Geografie" von Francesco Carabelli, vor 1775

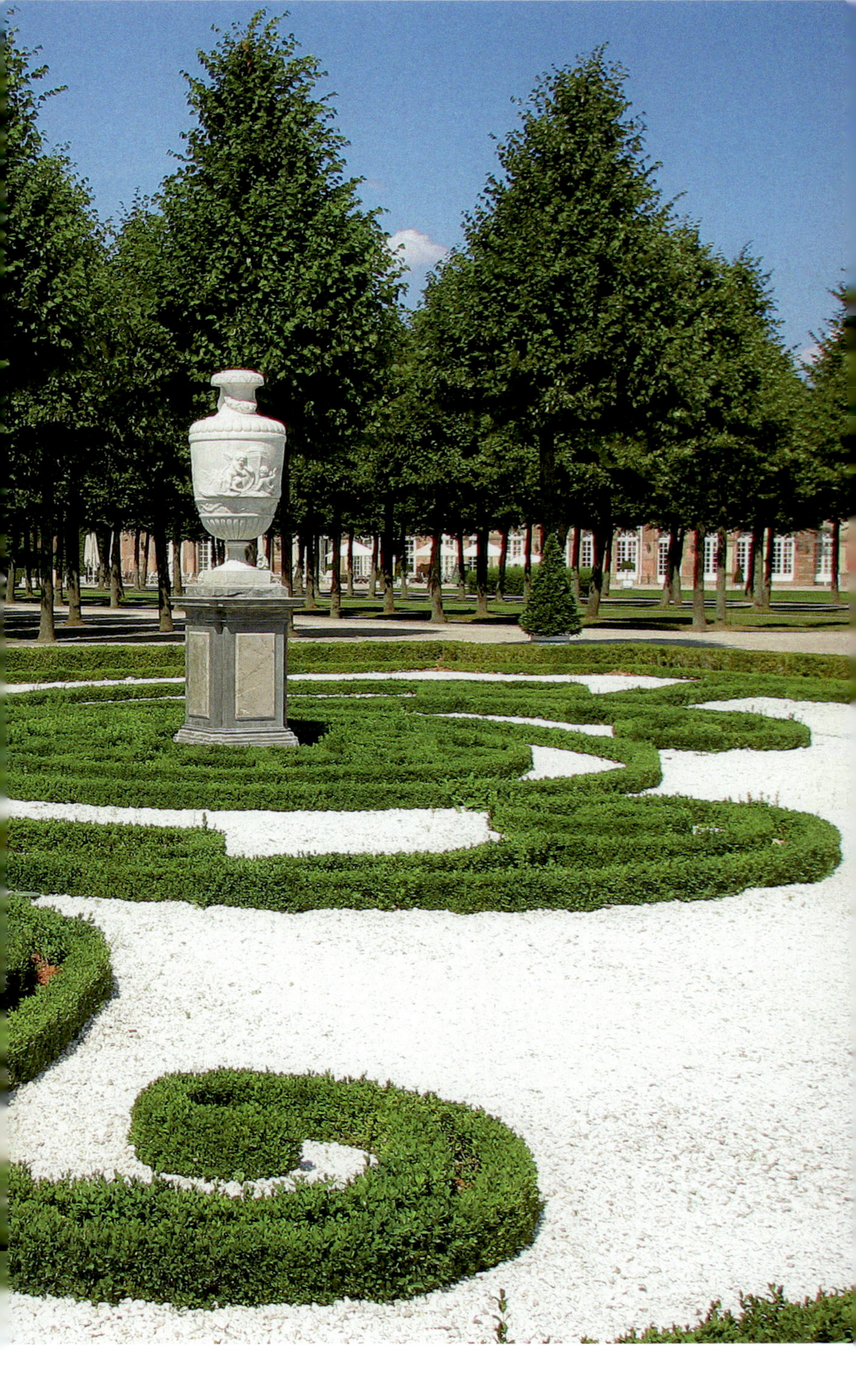

ZEITTAFEL

766 Erste urkundliche Erwähnung der Siedlung „Suezzingen" im Lorscher Urkundenbuch

1350 Erste schriftliche Erwähnung der „Feste" (Burg) Schwetzingen

1541 Umbau und Vergrößerung des Schlosses unter Kurfürst Ludwig V.

1635 Zerstörung des Schlosses im Dreißigjährigen Krieg

Ab 1656 Wiederaufbau des Schlosses durch Kurfürst Carl Ludwig

1689 Erneute Zerstörung des Schlosses im Pfälzischen Erbfolgekrieg

1698–1717 Wiederaufbau und Vergrößerung des Schlosses unter Kurfürst Johann Wilhelm

Ab 1718 Anlage eines Lustgartens westlich des Schlosses unter Kurfürst Carl Philipp mit Orangerie und Wasserhebewerk

1720 Erhebung Schwetzingens zur Jagd- und Sommerresidenz

1743–1778 Schwetzingen wird regelmäßig als Sommerresidenz des Kurfürsten genutzt. Hofstaat und Hoforchester siedeln dafür jeweils nach Schwetzingen über

1748–1754 Bau der beiden Zirkelhäuser. Das Theater am nördlichen Zirkelhaus entsteht zwischen 1752 und 1753

1753–1756 Planung des Kreisparterres und der Angloisen durch Hofgärtner Johann Ludwig Petri

1762 Übernahme der Planung und Bauleitung für alle Schwetzinger Bauten und Gartenanlagen durch Nicolas de Pigage; Bau der neuen Orangerie mit Garten

1762–1775 Bau des Apollotempels und des Naturtheaters

1766–1773 Umfassendes Figurenprogramm von Peter Anton von Verschaffelt

1767–1773 Bau des Minervatempels in der südlichen Angloise

1768–1776 Bau und Einrichtung von Badhaus und Badhausgarten unter der Leitung de Pigages

1771/74 Fertigstellung des Oberen und des Unteren Wasserwerks

1777–1778 Anlage des Arborium Theodoricum durch de Pigage und von Sckell

1778 Übersiedlung Kurfürst Carl Theodors und seines Hofes nach München

1778–1780 Bau des Tempels der Botanik sowie des Römischen Wasserkastells im Arborium Theodoricum

1779–1792 Anlage des Türkischen Gartens und Bau der Moschee

1787–1792 Bau des Merkurtempels (Fundament bereits 1784)

1792 Friedrich Ludwig von Sckell wird Hofgärtner in Schwetzingen

1795 Im von de Pigage und von Sckell gemeinsam verfassten „Protocollum commissionale" definiert von Sckell Richtlinien zur Erhaltung des Garten

1804 Von Sckell wird Bayerischer Hofgartenintendant in München, als Nach folger wird Johann Michael Zeyher ernannt; dieser legt in der ehemaligen Menagerie ein weiteres Arboretum an

1823/24 Umgestaltung des großen querrechteckigen Bassins im Westen des Gartens in einen Weiher mit natürlichen Uferlinien

1834/35 Ausschmückung des Ehrenhofes, bis dahin eine gepflasterte Fläche zum Vorfahren von Kutschen, mit zwei ovalen, von Fliederhochstämmen gesäumten Rasenflächen, deren Mitte jeweils ovale Rosenbeete bildeten

1850 Der Botaniker und Forschungsreisende Theodor Hartweg wird Hofgärtner. Er überarbeitet den Gehölzbestand des Arboretums

1871	Johann Wilhelm Wagner übernimmt als Hofgärtner und Garteninspektor. Er verfolgt gartendenkmalpflegerische Ziele und lässt etwa an den Lindenalleen einen Regenerationsschnitt vornehmen
1899	Gustav Adolf Unselt wird Hofgärtner und Garteninspektor. Er wird u. a. durch die Kultur und Züchtung von Spargel bekannt
Ab 1924	Die gartenfachliche Betreuung der Anlage wird der staatlichen Forstverwaltung übertragen
Ab Anfang des 20. Jahrhunderts	Zahlreiche Fachpublikationen zu Geschichte, Bedeutung und Erhalt des Schlossgartens
1970	Ein umfangreiches Parkpflegewerk wird erstellt, das auch einen umfassenden Katalog an Maßnahmen formuliert, die in den kommenden Jahrzehnten großenteils umgesetzt werden
1973/74	Rekonstruktion des Mittelparterres
1982–1986	Erneuerung der Lindenalleen im Kreisparterre
1994	Instandsetzung des Großen Weihers
1998/99	Fertigstellung der Restaurierung des Naturtheaters
2005	Fortschreibung des 1970 erstellten Parkpflegewerkes
2011/12	Wiederherstellung der Quincunx-Pflanzung im nördlichen Boskett
2013/2017	Abschluss der Restaurierung des Merkurtempels und des landschaftlichen Umgriffs
2015	Umgestaltung des Ehrenhofes in Anlehnung an den 1834/35 umgesetzten Entwurf von Johann Michael Zeyher
2021	Wiedereinrichtung der historischen sog. „Kleinen Baumschule“

AUSGEWÄHLTE LITERATUR

Fuchs, Carl Ludwig; Reisinger, Claus: Schloss und Garten zu Schwetzingen. Worms 2008.

Heber, Wiltrud: Die Arbeiten des Nicolas de Pigage in den ehemals kurpfälzischen Residenzen Mannheim und Schwetzingen. Bd. 1. 2. Worms 1986.

Hesse, Michael: Tempel, Thermen, Aquädukte. Antikenrezeption in den Schwetzinger Parkbauten. In: Kunze, Max (Hrsg.): Der Pfälzer Apoll. Kurfürst Carl Theodor und die Antike an Rhein und Neckar. Ruhpolding, Mainz 2007, S. 175–180.

Landesamt für Denkmalpflege (Hrsg.): Monumente im Garten – der Garten als Monument. Stuttgart 2012.

Leopold, Silke; Pelker, Bärbel: Hofoper in Schwetzingen – Musik, Bühnenkunst, Architektur. Heidelberg 2004.

Martin, Kurt: Die Kunstdenkmäler des Amtsbezirks Mannheim – Stadt Schwetzingen. Karlsruhe 1933.

Nicolas de Pigage 1723–1796, Architekt des Kurfürsten Carl Theodor, zum 200. Geburtstag. Ausstellung u. a. im Museum für Kunst-, Stadt- und Theatergeschichte im Reiss-Museum Mannheim, 25. November bis 23. Februar 1997. Düsseldorf 1996.

Niedermeier, Michael: Semantik. Ikonographische Gartenprogramme. In: Schweizer, Stefan; Winter, Sascha (Hrsg.): Gartenkunst in Deutschland. Regensburg 2012, S. 327–353.

Oberfinanzdirektion Karlsruhe, Staatliche Schlösser und Gärten (Hrsg.): Der Süden im Norden. Orangerien – ein fürstliches Vergnügen. 2. Aufl. Regensburg 2004.

Stripf, Rainer: Die Arboreten des Schwetzinger Schlossgartens. München 2004.

Troll, Hartmut: Friedrich Ludwig von Sckell und die Aufgaben des Gartenkünstlers Anfang des 19. Jahrhunderts, in: Jahrbuch der Stiftung Thüringer Schlösser und Gärten Bd 21, Regensburg 2018, S. 28–49.

Troll, Hartmut: Kurfürstliche Sommerresidenz Schwetzingen – die Bemühungen um die Aufnahme in das Welterbe der Menschheit. In: Badische Heimat H.1 /2016, S. 81–98.

Troll, Hartmut: "Tout ce qui fait le beauté et l'agrément d'un Jardin". Nicolas de Pigage als Gartenarchitekt, in: Stefan Schweizer, Eva-Maria Gruben (Hg.): SehensWert. Die Planungs- und Baugeschichte der Benrather Schlösser, Düsseldorf 2015, S. 85–94.

Wagner, Ralf Richard: In seinem Paradiese Schwetzingen … Das Badhaus des Kurfürsten Carl Theodor von der Pfalz. Ubstadt-Weiher, Heidelberg 2009.

Wertz, Hubert Wolfgang: Leitlinien zum Schutz und Erhalt des Schwetzinger Schlossgartens – vom ‚Protocollum commissionale' zum Parkpflegewerk; Wasserkunst im Schlossgarten zu Schwetzingen. In: Barockberichte, 46/47. 2007, S. 79–95.

Wertz, Hubert Wolfgang: Wiederherstellung und Unterhaltung von Parterreanlagen, dargestellt am Beispiel Schwetzingens. In: Hennebo, Dieter (Hrsg.): Gartendenkmalpflege. Stuttgart 1985, S. 174–204.

Wieczorek, Alfried u. a. (Hg.): Lebenslust und Frömmigkeit: Kurfürst Carl Theodor (1724–1799) zwischen Barock und Aufklärung. Handbuch und Ausstellungskatalog des Reiss-Museums Mannheim. Bd. 1. 2. Regensburg 1999.

Zenkert, Astrid: Im Labyrinth der Aufklärung: Der Schwetzinger Badhausgarten als Spielraum der Reflexion. In: Wagner, Peter u.a. (Hrsg.): Der Garten im Fokus kultureller Diskurse im 18. Jahrhundert, Trier 2015, S.161–199.

Zeyher, Johann; Michael; Rieger, J. G.: Schwetzingen und seine Garten-Anlagen. 3. veränderte Auflage der Erstausgabe von 1809. Mannheim 1824 (Nachdruck: Schwetzingen 1997).

PLAN DES SCHWETZINGER SCHLOSSGARTENS

1 *Zentrale Achse; hier: Carl-Theodor-Straße*
2 *Marstall*
3 *Schlossplatz*
4 *Ehem. Gardereiterkaserne*
5 *Rabaliatti-Palais*
6 *Palais Hirsch*
7 *Pfarrkirche St. Pankratius*
8 *Palais Ysenburg*
9 *Ehrenhof*
10 *Wachhäuschen*
11 *Schloss Mittelbau*
12 *Küchenbau*
13 *Oberes Wasserwerk*
14 *Südliches Zirkelhaus*
15 *Seepferdgarten*
16 *Betriebshof*
17 *Nördliches Zirkelhaus*
18 *Schlossrestaurant*
19 *Schlosstheater*
20 *Gesandtenhaus*
21 *Fuhrmannshaus*
22 *Hofgärtnerhaus*
23 *Neue Orangerie*
24 *Baumagazin*
25 *Invalidenkaserne*
26 *Dreibrückentor*
27 *Unteres Wasserwerk*
28 *Weltzeitaltervasen*
29 *Parterres à l'angloise*
30 *Arionbrunnen*
31 *Broderiebeete*
32 *Obelisken*
33 *Arkadenallee*
34 *Laubengänge (Berceaux de treillage)*
35 *Hirschbassin*
36 *Allée en terrasse*
37 *Grüne Galerien*
38 *Vier Elemente*
39 *Ehem. Spiegelbassin*
40 *Kugelallee*
41 *Südliche Angloise*
42 *Minervatempel*
43 *Urnenallee*
44 *Lykischer Apoll*
45 *Nördliche Angloise*
46 *Galateabrunnen*
47 *Vogelbad*
48 *Pan*
49 *Südliches Boskett*
50 *Boulingrin*

→